BSFF bringt Ihr Leben ins Gleichgewicht

param

Peter W. Klein

BSFF

bringt Ihr Leben ins Gleichgewicht

Wie Sie einfach
die Kraft Ihres
Unterbewusstseins
aktivieren

---

param

Bibliografische Information Der Deutschen Bibliothek

Die Deutsche Bibliothek verzeichnet diese Publikation
in der Deutschen Nationalbibliografie;
detaillierte bibliografische Daten sind im Internet über
http://dnb.ddb.de abrufbar.

Danksagung

Mein ganz besonderer Dank aus tiefstem Herzen gilt allen, die dazu beigetragen haben, dass dieses Buch entstehen konnte.

Gesamtgestaltung ComGraphiX, Ahlerstedt
Gesamtherstellung Finidr, Cesky Tesin

ISBN 978-3-88755-**260**-2

www.param-verlag.de

▸ Schnell befreit von...

Kaum zu glauben, wie einfach es manchmal ist: belastende Gefühle, schmerzhafte Erinnerungen, Blockaden und einengende Empfindungen, denen man sich ausgeliefert fühlt, all das können Sie ganz einfach ändern. Und Sie können es selbst tun. BSFF ist ein intelligenter Weg dafür, eine erprobte Methode zur Selbsthilfe, die aber auch von Psychologen und Psychotherapeuten, Ärzten, Lehrern, Coaches und anderen Professionellen eingesetzt wird, um Menschen wirkungsvoll zu unterstützen.

Stellen Sie sich BSFF als einen großen, weichen Radiergummi vor, mit dem Sie emotionale, gedankliche und verhaltensbedingte Blockaden und Themen, sowie einschränkende und belastende innere Haltungen einfach ausradieren. Dadurch entlasten Sie sich, vertiefen Ihre Gelassenheit und das Vertrauen in die eigenen Fähigkeiten und bringen so Ihr Leben Schritt für Schritt ins Gleichgewicht.

Helfen Sie sich selbst! Nehmen Sie Ihr Leben in die eigene Hand. Es ist so einfach. Sie *installieren* nur einmal eine Vereinbarung mit Ihrem Unbewussten. Das geschieht durch einen einfachen Text, der Ihrem Unbewussten klar sagt, was es für Sie tun soll, wenn Sie die Methode aktivieren. Wenn Sie später ein Problem lösen wollen, geben Sie das Thema vor, aktivieren die installierte Routine und schon erledigt Ihr Unbewusstes für Sie, was notwendig ist. Schnell, effizient und sehr effektiv.

Dabei behalten Sie jederzeit die volle Kontrolle, denn Sie starten die Routine, indem Sie ein von Ihnen frei gewähltes Schlüsselwort denken. Dann und nur dann beginnt der Prozess. Dabei schenkt Ihnen das Unbewusste auch oft zusätzlich tiefe Einsichten in Themen Ihrer Seele, die zuvor verdrängt, verborgen oder abgespalten waren. Sie werden im wahrsten Sinne des Wortes ganzer und bewusster, erleben, wie sich die Beziehung zu Ihrem Unbewussten entwickelt und Sie sich auf Ihr Unbewusstes verlassen können. Eine treue Freundschaft entsteht und wächst, verbunden mit einem Mehr an innerer Gelassenheit, Ruhe und Klarheit.

Um all das zu bewegen, benötigen Sie nur Ihren Geist, eine wohlwollende Haltung zu sich selbst und sonst nichts.

Sie müssen nicht einmal Akupunkturpunkte klopfen, wie sonst in der energetischen Psychologie üblich. Nachdem Sie die Vereinbarung mit Ihrem Unbewussten getroffen haben, genügt es, einfach nur Ihr Schlüsselwort zu denken, und schon erledigt Ihr Unbewusstes für Sie das Aufräumen, Löschen, Entblockieren und Balancieren von dem, was Sie so lange belastet hat und gerade wieder nervt.

Statt sich fremdbestimmt und ausgeliefert zu erleben, lernen Sie mit dieser Methode, Einfluss auf das zu nehmen, was Ihre Gefühle und Ihr Verhalten bestimmt. Wenn Sie von Ängsten oder irrationalen Emotionen überschwemmt oder von inneren Überzeugungen oder Haltungen blockiert werden, können Sie das stoppen. Sie brauchen keine andere Person, die das für Sie macht. Sie selbst können es. Sie bestimmen, ob und wann Sie das Zepter in die Hand nehmen. Sie übernehmen die Verantwortung. Wer sonst, wenn nicht Sie?

BSFF beendet belastende Empfindungen und unterstützt Sie dabei, sich selbst in immer tieferer Weise zuzustimmen, Ihren Empfindungen, Ihrer Lebensgeschichte, allem. Dadurch werden Sie zunehmend autonomer, entwickeln neue Sichtweisen und spüren sich mehr, was das Leben lebenswerter macht. Belastende Gefühle, Gedanken und Reaktionsweisen gehen zurück, und Sie erhalten Zugang zu Bereichen Ihrer Persönlichkeit, die Sie bisher noch nicht angemessen ausschöpfen konnten. Weil viele körperliche Beschwerden Folge psychischer Probleme sind, kann BSFF auch die Heilung oder Besserung körperlicher Erkrankungen unterstützen. Ganz allgemein wirkt BSFF auf körperlicher, emotionaler, mentaler, geistiger und spiritueller Ebene.

Nun denken Sie vielleicht, das sei anstrengende und schwere Arbeit und Sie würden dabei von belastenden Gefühlen und Emotionen überflutet, weil Sie das von anderen Methoden so gehört haben. Das Besondere an BSFF ist aber, dass Sie nichts Vergangenes erneut durchleben müssen. Im Gegenteil beschützt Sie BSFF sogar vor einer Überlastung mit traumatischen Erinnerungen. Sie erleben einen einfachen und klaren Prozess, bei dem Sie immer in Kontakt mit sich bleiben. Die eigentliche Arbeit erledigt Ihr Unbewusstes, das ohnehin viel besser in der Lage ist, altes Material zu verarbeiten, damit Ihr Bewusstsein, Ihr Fühlen, Denken und Handeln frei davon sein kann.

1

Grundlagen

▸ Entstehungsgeschichte

Der amerikanische Psychologe und Therapeut Dr. Larry Phillip Nims gehörte zu den ersten Fachleuten, die von Dr. Callahan und Gary Craig in energetischen Meridiantherapien ausgebildet wurden. Er hat in mehreren Einrichtungen für psychisch kranke Menschen gearbeitet, betreibt eine eigene ambulante Praxis und ist Universitätslehrer. Er hat über dreißig Jahre Erfahrung in der Behandlung psychischer Probleme und ist der Meinung, dass es sehr wichtig ist, sich soweit wie möglich selbst behandeln zu können und so mehr Autonomie zu entwickeln. Deshalb unterrichtet er seine Klienten darin, ihre eigenen psychischen und emotionalen Probleme zu erkennen und zu behandeln – damit sie ihr Leben in optimaler Weise selbständig führen und gestalten können.

Dr. Nims hat sich intensiv mit der Meridiantherapie von Dr. Roger Callahan, die er *Thought Field Therapie* (TFT) nennt, sowie den *Emotional Freedom Techniques* (EFT) von Gary Craig beschäftigt, ließ sich darin ausbilden, setzte beide Methoden in seiner Praxis ein und entwickelte mit der Zeit eine eigene Methode, die er als *Behavioral and Emotional Symptom Elimination Training for Resolving Excess Emotion, Fear, Anger, Sadness and Trauma** bezeichnete. Die Anfangsbuchstaben davon ergeben das Akronym »Be set free fast«, nochmals abgekürzt: BSFF.

*Training zur Beseitigung von verhaltensbezogenen und emotionalen Symptomen, zur Auflösung übermäßiger Emotionen, Angst, Wut, Traurigkeit und Trauma

Dr. Nims hat entdeckt, dass das Unbewusste genau das tut, was man ihm sagt. Das brachte ihn auf die revolutionäre Idee, (seit 1998) auf das Klopfen der Akupunkturpunkte zu verzichten, wie es bei den oben erwähnten Techniken der energetischen Psychologie üblich ist, und das Unbewusste direkt und ohne Umwege anzusprechen, um Probleme am Ort ihrer Entstehung und Speicherung zu löschen und damit zu lösen. Dr. Nims wies durch umfangreiche Studien nach, dass auf das Beklopfen von Akupunkturpunkten verzichtet werden kann, vorausgesetzt, dem Unbewussten wird klar mitgeteilt, was es tun soll. So entwickelte er das sogenannte Instant-BSFF (iBSFF) als eigenständige Methode, das auch in diesem Buch vorgestellt wird. Weil die ursprüngliche Bezeichnung schwer zu merken ist, prägte sich das Akronym *Be Set Free Fast* ein, also: »Sei schnell davon frei«, das kurz als BSFF bezeichnet wird.

Dieses moderne BSFF ist Ergebnis jahrelanger Studien und praktischer Erprobung. Es ist bereits über die USA hinaus in Brasilien, Israel, Kanada, Australien, Großbritannien und zunehmend auch im deutschen Sprachraum verbreitet. Tausende weltweit haben bereits von dieser Methode profitiert.

Dieses Buch verbindet BSFF mit Erfahrungen aus anderen Bereichen der energetischen Psychologie und bettet es auf eine praktische Weise in unser alltägliches Leben ein. Die Anwendung von BSFF ist aber auch eine spannende Entdeckungsreise hin zu uns selbst. Sollten Ihnen dabei einige Widersprüche auffallen, ist dies durchaus beabsichtigt, denn ein Merkmal des Lebens ist seine Widersprüchlichkeit. Und so gesehen ist sie ein Maß für die praktische Tauglichkeit dieser Methode.

▸ Energetische Psychologie

Energetische Psychologie (EP) ist ein neuerer therapeutischer Zweig, der sich seit den achtziger Jahren des vorigen Jahrhunderts entwickelt hat. Sie sieht die Ursachen von psychischen, emotionalen, mentalen und alltäglichen Problemen nicht im kognitiven oder körperlichen Bereich, sondern in Störungen des Energiesystems. Analog zur Akupunktur, die vielfältige Beschwerden durch Stimulation bestimmter Akupunkturpunkte behandelt, befasst sich die energetische Psychologie mit der Heilung und Behandlung des Energiesystems unter Einbeziehung psychologischer Aspekte.

Die energetische Psychologie hat Methoden entwickelt, um Störungen im Energiesystem auszugleichen. Zuerst wurden die sogenannten Meridiantherapien (wie TFT und EFT) bekannt, bei denen bestimmte Akupunkturpunkte mit den Fingerspitzen beklopft werden. Die schnellen, tiefgreifenden und dauerhaften Erfolge führten zur rasanten Verbreitung der energetischen Psychologie. Psychische, emotionale, mentale und viele körperliche Beschwerden und Probleme verschwinden im Vergleich zu herkömmlichen therapeutischen Methoden innerhalb sehr kurzer Zeit und in der Regel dauerhaft. Studien hierzu finden sie im Anhang

Der besondere Beitrag von Dr. Nims besteht in der Weiterentwicklung, die das Beklopfen von Akupunkturpunkten unnötig macht. Der Fokus der Behandlung liegt dadurch noch gezielter auf der Ursachenebene: dem Unbewussten.

▸ Das Unbewusste

Gottfried Wilhelm Leibniz hat in seinen »Nouveaux essais sur l'entendement humain« (Neue Abhandlungen über den menschlichen Verstand, 1704) erstmals die Existenz eines Unbewussten thematisiert. Ab 1885 erforschte der Franzose Émile Coué die Wirkung der Autosuggestion und unterstützte weltweit Menschen dabei, mit Hilfe der Autosuggestion, also der Vorstellungskraft, die eigenen Selbstheilungskräfte zu stärken. Von ihm stammt die allgemein bekannte Autosuggestion: »Es geht mir mit jedem Tag in jeder Hinsicht immer besser und besser.«

In seinem Buch »Traumdeutung« (1900) beschrieb Sigmund Freud, wie sich Phantasien und Wünsche, die uns im Wachzustand nicht bewusst sind, in Träumen ausdrücken. Seither hat die Idee des Unbewussten allgemeine Anerkennung gefunden. Dem Schweizer Psychoanalytiker Carl Gustav Jung (1912) zufolge enthält das Unbewusste auch ererbte, universelle, archaische Vorstellungen, die zum kollektiven Unbewussten gehören, also Inhalte, die allen Menschen gehören.

1967 fand Dr. Joseph Murphy mit seinem Bestseller »Die Macht Ihres Unterbewusstseins« große Aufmerksamkeit. Er beschrieb darin erstmals allgemeinverständlich die Wirkung des Unbewussten und die sich daraus ergebenden Konsequenzen in Bezug auf die persönliche Erfolgs- und Lebensgestaltung. Erhard Freitag führte in Büchern wie »Kraftzentrale Unterbewusstsein« (1983) das Vorhandensein von körperlichen Krankheiten auf ein falsch programmiertes Unterbewusstsein zurück.

Spätestens seit Bert Hellinger und anderen (1995) wissen wir, dass im Unbewussten auch Informationen über unsere Ursprungsfamilie und unsere Ahnen gespeichert sind. Es zeigte sich, dass die Schicksale der Familienmitglieder mit all den tief in sie eingeprägten Erfahrungen von Tätern und Opfern, Kraft und Leid nachhaltig auf später Geborene wirken, wobei sich diese Wirkungen für alle Beteiligten zunächst völlig unbewusst vollziehen.

Begrifflich sind die Bezeichnungen »Unterbewusstsein« und »Unbewusstes« nicht klar voneinander abzugrenzen. Je nach Autor werden sie verwendet, als seien sie austauschbar.

Das Unbewusste ist eine seelisch-psychische Struktur, ein Energiefeld, das jeden lebenden Menschen umgibt. Die physische Entsprechung findet sich im Rückenmark, bestimmten Teilen des Gehirns und im sogenannten Bauchhirn, unzähligen Nervenzellen, die sich im Bauchbereich befinden, sowie im gesamten Nervensystem und bestimmten Arealen des Gehirns. Darin abgebildet oder gespeichert befinden sich alle Erfahrungen, Eindrücke, Erinnerungen, Vorstellungen, Motive, Einstellungen und psychische Verletzungen eines Menschen.

Forschungen haben gezeigt, dass im Unbewussten zahllose Informationen gespeichert werden, auch solche, die in einer Situation gar nicht als wesentlich aufgefallen sind. Im Unbewussten erfolgt eine ständige multidimensionale Speicherung unseres Erlebens. Es werden zum Beispiel Informationen über Farbe, Geruch, Geschmack, Temperatur, Helligkeit, Klang und so weiter in fast allen Lebenssituationen registriert. Das bedeutet, dass wir ununterbrochen Tausende von Informationen aufnehmen. Diese werden jedoch gefiltert, so dass nur die für uns im jeweiligen Augenblick relevanten Information in unser

Ober- oder Tagesbewusstsein gelangen, denn sonst würden wir mit Informationen überflutet und davon überfordert.

Bestimmte Inhalte des Unbewussten – meist sind es mit Angst oder einer anderen starken Emotion besetzte – werden durch Abwehrmechanismen vor dem Zugriff durch unser Bewusstsein geschützt. Verdrängte Erfahrungen der Vergangenheit prägen einen Menschen und seine Einstellung zu sich selbst, zu anderen Menschen und zur Gesellschaft, zu Erfolg und Gesundheit, zu Gott und zur Welt. Es sind vor allem die frühen Erfahrungen, die sich in besonderer Weise prägend auswirken und das Selbstkonzept eines Menschen beeinflussen. Von diesen Erfahrungen kann nur ein verschwindend kleiner Teil bewusst erinnert werden. Ein Kind erlebt während seiner ersten fünf Lebensjahre Tausende prägender Erfahrungen, kann aber als Erwachsener davon kaum eine Handvoll erinnern. Alle anderen Erfahrungen wurden verdrängt und vergessen, wirken aber weiter. Wir können das erkennen, wenn sich das Unbewusste in sogenannten Fehlleistungen äußert. Der Freudsche Versprecher ist ein relativ harmloses Beispiel dafür.

Im Unbewussten sind aber nicht nur negative Informationen gespeichert, es enthält auch unsere Ressourcen, auch solche, die dem Bewusstsein normalerweise nicht zugänglich oder noch gar nicht bekannt sind. Es handelt sich dabei um fähige, weise und kreative Persönlichkeitsanteile, die ganz oder teilweise durch negative Programmierungen verdeckt werden, zum Beispiel Ängste oder negative Glaubenssätze wie: »Ich kann nicht...« Wenn diese Einschränkungen mit BSFF aufgelöst werden, werden die positiven Fähigkeiten befreit und können ungehindert wirken. Es gibt verschiedene Möglichkeiten, Inhalte des Unbewussten zu erreichen, zu deuten und so die gespeicherte Information bewusst zu machen. BSFF ist eine davon. Jedes Mal, wenn eine solche Brücke zwischen dem Unbewussten und dem Oberbewusstsein geschaffen wird, werden wir ein wenig weiser, reifer, stärker und gesünder. Denn es bilden sich dabei tatsächlich neue Nervenverbindungen. Unsere Intelligenz nimmt zu.

Das Unbewusste unterscheidet nicht zwischen der äußeren Realität, also den Sachverhalten, die wir mit unseren Sinnen wahrnehmen, und der inneren Realität, als rein mentalen Vorgängen wie unserer Meinung, Phantasie oder Imagination. Beide Realitäten sind für das Unbewusste gleichwertig. Das Unbewusste hat auch keinen Zeitbegriff, es erfährt alles ›jetzt‹. Was in unserer Kindheit für uns galt, gilt deshalb heute noch, und wenn es nicht geändert wird, bleibt es auch so. Unser Unbewusstes führt fort, was früher gebahnt wurde, auch wenn die alte Strategie heute nicht mehr passt oder sich sogar hemmend und blockierend auswirkt. Nur wenn die Bahnung aufgelöst wird, kann die Energie einen anderen Ausdruck finden.

Das Unbewusste möchte uns glücklich machen. Es strebt nach dem Angenehmen, Erfreuenden, Leichten und versucht, das Unangenehme, Schmerzhafte und Problematische zu vermeiden. Deshalb versucht es auch ständig, uns vor dem zu schützen, was früher schmerzhaft und unangenehm war. Das wirkt sich entsprechend in unserem Leben aus. Unsere Lebensumstände und unsere subjektive Welt entsprechen den energetischen Strukturen unseres Unbewussten, also den dort gespeicherten Erfahrungen, die uns normalerweise nicht zugänglich sind.

Das Unbewusste liebt auch Wiederholungen. Alles, was sich oft wiederholt, wird entsprechend intensiv eingespeist. Das gilt zum Beispiel für Rituale und ritualisierte Handlungen, aber auch für bestimmte Sätze, die man immer wieder zu hören bekommt, wie beispielsweise: »Aus dir wird doch nie etwas.« Was durch Wiederholung eingeprägt wird, wird für das Unbewusste zum Gesetz und es strebt dann nach seiner Wiederholung.

Dr. Nims Erkenntnisse über das Unbewusste lassen sich so zusammenfassen, dass es unser treuer Diener ist. Es tut immer genau das, was wir wollen, auch wenn uns selbst nicht bewusst ist, was wir wirklich wollen. Wenn wir uns also mit einem klaren, unmissverständlich formulierten Auftrag an unser Unbewusstes wenden, dann führt es diesen getreulich aus – soweit das im Bereich seiner Möglichkeiten liegt. Das ist eine der Grundideen und Grunderfahrungen von BSFF.

Das Unbewusste folgt eindeutigen Regeln und ist in seiner Grundhaltung hilfreich und unterstützend. Die Regeln, denen das Unbewusste folgt, sind uns zunächst rational nicht unbedingt zugänglich, zumal die Ergebnisse auf der Erscheinungsebene oft auch nicht unseren mentalen Vorstellungen entsprechen. Wir verstehen vieles nicht, was uns unser Unbewusstes mitzuteilen versucht. Oft ärgern wir uns auch über unsere unbewussten Handlungen oder leiden sogar unter ihnen. Aber aus der Perspektive des Unbewussten sind alle Impulse immer unterstützend, schützend und helfend ausgerichtet und ihre Folgen zwingend.

Beispiel Ein Kind hat einige sportliche Misserfolge und hört deshalb immer wieder von Eltern, Geschwistern und Freunden, es sei unsportlich. Es wird vom Lehrer schlecht bewertet und von den Mitschülern gehänselt. Also speichert das Unbewusste diese Botschaften als Gesetzmäßigkeit und verankert sie als Glaubenssatz: »Ich bin unsportlich.«

Das Unbewusste, das dieses Kind glücklich machen will, wird deshalb ganz konsequent und mit allen Mitteln jeden Versuch, Sport zu treiben, boykottieren. Das kann mit einem Gefühl von Unlust geschehen, mit Vergesslichkeit und sogar mit Unfällen und Krankheiten. Es will so vor neuen Enttäuschungen oder Hänseleien und damit vor weiteren seelischen Verletzungen schützen. Und weil es nur im Jetzt agiert, sind die ›späteren‹ Folgen wie Schmerzen, schlechte Noten oder soziale Isolation dabei unerheblich.

▶ Merkmale des Unbewussten

Unser Unbewusstes kann als ein selbständiger Teilbereich unserer Persönlichkeit betrachtet werden, wie ein lebendiges Wesen, das in uns wohnt. Es hat einen Namen und eine eigene Persönlichkeitsstruktur, die von Mensch zu Mensch verschieden sein kann, aber klar umrissene Aufgaben, und es folgt klaren Gesetzmäßigkeiten.

Das Unbewusste ist nicht nur ›in‹ uns, sondern auch Teil der Seele, die über den physischen Körper hinausreicht. Zum Unbewussten gehört ein eigenes, geistiges Feld mit einer ihm eigenen Intelligenz. Über das autonome Nervensystem steht es mit dem physischen Körper in Verbindung. Traumatische Erlebnisse* führen in diesem mentalen Feld zu Abspaltungen, Abrissen oder zu Verschiebungen.

*hierzu mehr in einem späteren Kapitel

Einige Eigenschaften des Unbewussten

1 Es speichert und organisiert alle Erinnerungen und stellt sie dem Bewusstsein auf Abruf zur Verfügung.

2 Es kontrolliert alle Wahrnehmungen, die letztlich bildhaft (Gedankenform/Symbol) abgespeichert werden. So wird eine Überflutung mit Reizen verhindert. Alle unsere Wahrnehmungen werden vom Unbewussten über unsere Glaubenssätze gefiltert. Zwei Menschen, die am Strand stehen und aufs Meer schauen, können deshalb ganz unterschiedliche Erfahrungen machen. Die eine Person filtert ihre Wahrnehmung mit dem Glaubenssatz: »Das Leben ist ein sicherer Platz«, schwärmt über die Schönheit der Natur und fühlt sich wohl. Die andere Person hat den Glaubenssatz verinnerlicht: »Das Leben ist gefährlich«, nimmt das schöne Panorama gar nicht wahr und denkt an einen Tsunami oder das zuhause vielleicht gerade eingebrochen wird.

3 Es unterscheidet nicht zwischen Vorstellung und Realität, wohl aber zwischen glaubhaft und unglaubwürdig. Deshalb unterscheidet es zum Beispiel nicht zwischen einem Film und der alltäglichen Realität. Deshalb prägen Filme unsere emotionalen Wurzeln und Glaubenssätze genau so wie ›tatsächliche‹ Erfahrungen. Besonders für die Entwicklung von Kindern kann das weitreichende Folgen haben.

4 Es hat keinen Zeitbegriff. Nur das Jetzt geschieht. Es unterscheidet nicht zwischen Vergangenem, Gewesenem und Künftigem, Kommendem.

5 Es ist der Sitz von Glaubenssätzen und Emotionen, das heißt, das Unbewusste erzeugt sie und verknüpft sie zu Glaubenssystemen. Und es ist ihr Verwalter und Diener. Unser Glaubenssystem »Vater« beispielsweise hat Einfluss auf unser Fühlen, Denken und Verhalten, und das Unbewusste tut alles, um diesen Einfluss zur Wirkung zu bringen.

6 Es steuert die autonomen Prozesse des Körpers, es ist die übergeordnete geistige Struktur im autonomen Nervensystem. Es beeinflusst also unsere Körperfunktionen. Deshalb ermöglichen unterschiedliche Biofeedback-Verfahreneinen einen Dialog mit dem Unbewussten, denn unser Körper reagiert dabei entsprechend dem, was unser Unbewusstes glaubt und verinnerlicht hat.

7 Es kann auf den physischen Körper einwirken und so Prozesse hinsichtlich Heilung oder Verbesserung unterstützen.
8 Es überwacht unser physisches, mentales, emotionales und soziales Überleben. Das Unbewusste ist bei extremer Gefahr in der Lage, von der bewussten Steuerung unabhängig für unseren Schutz Reaktionen zu aktivieren.
9 Es speichert unausgedrückte Gefühle und überdeckt stark belastende Erfahrungen (Amnesie) beziehungsweise wehrt sie ab, um uns vor ihnen zu schützen und unser Überleben zu sichern. Diese Abwehr kostet Kraft und führt zum Beispiel zu Energielosigkeit oder Antriebsschwäche. Doch das Sichern des Überlebens durch Überdecken, Abwehren oder Verdrängen hat Priorität.
10 Es verfügt über ein eigenes Selbstbild, das oft von unserem bewussten Selbstbild abweicht, das heißt, die beiden Selbstbilder sind nicht deckungsgleich. Gleichzeitig ist das Selbstbild des Unbewussten die Wurzel unseres bewussten Selbstbildes, unseres Selbstvertrauens und unserer Selbstsicherheit, also unseres Zutrauens in uns, in die Welt und in andere Menschen.
11 Es besitzt eine Art ethisch-moralischen Wesens, also etwas, das Gewissen genannt werden kann und steuernd auf den Einzelnen und das Kollektiv wirkt. Das Gewissen regelt zum Beispiel, wer zu einer Gruppe gehören darf und wer nicht. Es hat einen persönlichen Anteil und einen kollektiven. Deshalb wirken kollektive Glaubenssätze in Bezug auf das Gewissen sowie das politische, religiöse, wissenschaftliche und soziale Umfeld sehr stark auf den Einzelnen wie auch auf das Kollektiv, zum Beispiel auf die Angehörigen einer Religion, eines Staates, eines Unternehmens, eines Ortes und so weiter.
12 Es ist unser treuer Diener. Es gehorcht Befehlen und Anweisungen, allerdings abhängig davon, welche Qualität die Beziehung zu unserem Unbewussten hat. Die Qualität dieser Beziehung ist nicht festgelegt, sondern kann entwickelt und vertieft werden.
13 Eine weitere Funktion ist die Verteilung und Regulierung von Energie in den Meridianen. Dies geschieht über die Verbindung zum Meridiansystem beziehungsweise den Akupunkturpunkten.

soll oder möchte. Manchmal braucht es eine Vereinbarung (mit dem Ego, zum Beispiel die BSFF-Vereinbarung) oder mit einer höheren Ebene, zum Beispiel mit den Eltern, den Ahnen, der Spiritualität, um von dort Kraft zu holen. Gelegentlich muss das Unbewusste auch an seine Aufgabe(n) erinnert werden.

28 Wir können die Beziehung zu unserem Unbewussten entwickeln und vertiefen und seine Fähigkeiten entsprechend nutzen. Wir können unser Unbewusstes im Rahmen von BSFF auffordern, ein Problem oder Thema für uns zu lösen. BSFF ist selbst dann wirksam und hilfreich, wenn wir die Zusammenhänge oder tieferen Ursachen eines Problems nicht kennen oder nicht erfassen können.

▸Wie wir unsere Probleme erschaffen

Alles, was wir erleben, trägt zum Entstehen unserer Realität bei, dem subjektiven Bild, das wir von der Welt haben. Jedes Ereignis, Reaktionen unserer Umwelt, Erziehungsmaßnahmen naher und ferner Verwandter, Personen aus unseren sozialen Bezugssystemen oder Fremde hinterlassen Spuren in unserem Unbewussten.

1 Emotionale Wurzeln

Einzelne emotional belastete Referenzerlebnisse sind emotionale Wurzeln, ebenso Vorbilder, an denen wir uns orientieren, oder Ideen, die wir verinnerlichen. Hinzu kommt unsere Selbstprogrammierung, das sind Sätze, die wir aufgesammelt haben und uns unbewusst immer wieder sagen, wie: »Aus dir wird nie etwas.«

2 Glaubenssätze

Aus einer Gruppe von emotionalen Wurzeln entsteht ein Glaubenssatz, und die Summe von Glaubenssätzen erzeugt unser Modell von der Welt.

3 Problem

Aus Glaubenssätzen mit Einstellungen und Sichtweisen, die uns einschränken, entstehen Probleme.

4 (Lebens-) Themen

Und aus dem Zusammenwirken mehrerer Probleme entstehen unsere Themen, zum Beispiel Probleme im Bereich Geld, Beruf, Partnerschaft, Gesundheit und ähnliche.

Verinnerlichte unbewusste Bilder, Glaubenssätze und Glaubenssysteme leiten und dirigieren unser gesamtes Leben. Alle Sinneseindrücke werden durch unsere Glaubenssätze gefiltert. So entsteht unsere subjektive Realität. Unbewusste Bilder und Glaubenssätze kontrollieren unsere Gefühle, Gedanken und unsere Handlungen, denn die verlaufen immer entlang der Bahnen und innerhalb der Regeln, die unser Glaubenssystem vorgibt. Das Wichtige dabei ist, dass sich diese unbewussten Programme oder Glaubenssysteme nicht an aktuellen Bedürfnissen orientieren, sondern *immer* an den Bedürfnissen und Erlebnissen der *Vergangenheit*. Tatsächlich werden uns so manchmal Ereignisse aus unserer Vergangenheit oder der Vergangenheit unserer Eltern oder unserer Ahnen zu Stolpersteinen. 90 Prozent aller therapeutischen Interventionen beschäftigen sich damit, was in der Vergangenheit geschehen ist oder nicht geschehen konnte, obwohl es notwendig gewesen wäre.

Die Welt, wie wir sie erleben, und unsere persönlichen Lebensumstände werden in hohem Maße von unserem Unbewussten geprägt. Unser Unbewusstes hat in frühkindlichen Situationen Schlussfolgerungen aus dem gezogen, was wir erlebt haben. Verhaltensweisen und Meinungsäußerungen unserer Eltern und der Familie von uns aufgenommen. Und alle diese Informationen zusammen haben sich zu einem Filter verdichtet, durch den wir die Welt betrachten.

Neueste Forschungen zeigen, dass wir bereits im Mutterleib durch die inneren Bilder der Mutter beeinflusst werden. Später fließen auch die inneren Bilder des Vaters in unser Unbewusstes. Ist man dann geboren und steht im Leben, arbeitet man oft völlig unbewusst an den Themen der eigenen Mutter oder des Vaters. Und natürlich findet sich keine Lösung, weil die Themen der Eltern zu den Eltern gehören und nicht von den Kindern gelöst werden können.*

*Mehr dazu im Kapitel über das Aufspüren von Glaubenssätzen.

Bestimmte Bereiche unseres Unbewussten glauben, das Leben sei so, was dann zu Überzeugungen führen kann wie: »Es geschieht immer etwas Schlimmes«; »Ich bin immer krank«; »Ich habe nie Glück«; »Männer sind gefährlich«; »Ich verliere immer alles«; »Ich bin schwach« und so weiter.

Haben wir uns in unserer Kindheit in einem sozialen Bezugsrahmen befunden, der uns in unserer Entwicklung unterdrückt hat, so haben wir Glaubenssätze verinnerlicht wie: »Ich bin wertlos«; »Das Leben ist schwer«; »Das Leben ist immer schmerzhaft«; »Die anderen sind wichtiger als ich«; »Mir bleibt alles verschlossen«; »Ich schaffe es nicht.«

Später im Leben verändert sich unser soziales Umfeld vielleicht aber und wir wären frei, uns zu entwickeln, wären da bloß nicht diese Glaubenssysteme, die wir aus unserer Vergangenheit mitbringen und die uns daran hindern, etwas zu ändern. Unsere Glaubenssätze äußern sich im Leben als spontane Gedanken, als Gefühle und in Form von Verhaltensmustern. Sie tragen zu unserem Selbstbild bei und prägen unser Vertrauen in uns und in die Welt. Die Glaubenssätze im obigen Beispiel führen unter anderem zu Selbstzweifel, Zögerlichkeit und geringem Mut. Einschränkende Glaubenssätze lassen sich ändern. BSFF löscht solche Sätze und deren zugrundeliegende Entstehungsgeschichte im Speicher des Unbewussten.

Was wir in der Kindheit verinnerlicht haben, kann zur Belastung und zum Problem werden, wenn wir erwachsen sind, weil die Strategien der Kindheit mit ihren verinnerlichten Bildern heute keine guten Lösungen mehr für uns sind. Das Unbewusste bildet ein System von Glaubenssätzen, die unsere Sinneseindrücke und Wahrnehmungen filtern und so unser Denken, Fühlen und Handeln bestimmt. Daraus ergeben sich die entsprechenden Wirkungen in unserem Leben, von denen die Glaubenssätze bestätigt werden. So schließt sich der Regelkreis. Solange die Wirkungen unterstützend und angenehm sind, ist das gut, wenn sich aber blockierende und einschränkende Muster etabliert haben, gilt es, diesen Kreis zu durchbrechen. Das ist mit BSFF möglich, weil es blockierende Bilder und Glaubenssysteme am Ort der Speicherung transformiert oder löscht. Die Voraussetzung dafür ist, dass wir klar definieren, was wir wollen.

Es soll hier aber nicht der Eindruck erweckt werden, das Unbewusste sei der Ort aller Qualen und Probleme. Es ist der Speicher aller Erfahrungen. Deshalb finden sich hier auch kraftvolle Bilder und starke Ressourcen. Diese gilt es aufzuspüren, freizusetzen und zu nutzen.

Außerdem hat das Unbewusste neben dem persönlichen Teil auch einen kollektiven, über den wir mit allen anderen Menschen in Verbindung stehen und pausenlos Informationen austauschen. Dadurch übernehmen wir auch Teile von dem, was unsere Umwelt glaubt. Auch dieser Prozess läuft normalerweise für uns unbewusst ab.

▸ Terminologie

Wenn wir mit BSFF arbeiten, begegnen uns einige Begriffe, die hier geklärt werden sollen.

Emotionale Wurzeln

Als emotionale Wurzeln werden unverarbeitete, schmerzhafte Emotionen bezeichnet, die aus früheren traumatischen oder belastenden Erlebnissen und Situationen stammen. Sie entstehen durch belastende Kindheitserlebnisse, Kritik oder Ablehnung durch Eltern, Lehrer, Freunde, Mitschüler, durch traumatische, schockierende oder lebensbedrohliche Situationen und so weiter und enthalten Empfindungen wie Angst, Wut, Traurigkeit, Scham, Überforderung, Verzweiflung. Aus einer Vielzahl ähnlicher oder gleicher emotionalen Wurzeln erwächst ein einschränkender Glaubensatz und daraus können Probleme im alltäglichen Leben entstehen.

Glaubenssatz

Ein Glaubenssatz ist die innere Schlussfolgerung aus den gemachten Lebenserfahrungen, also die Zusammenfassung verwandter emotionaler Wurzeln. Diese Schlussfolgerung bekommt im Unbewussten den Status allgemeiner Gültigkeit und bestimmt fortan zum Beispiel unsere Beziehung zu uns selbst, zu anderen Menschen, zur Welt, zu Gott oder der Spiritualität, zu Erfolg, Gesundheit, Liebe und so weiter.

Glaubenssätze, ob positiv oder negativ, entstehen nicht nur durch unsere eigenen Erlebnisse und Erfahrungen, sondern werden auch aus der Familie, von Eltern und anderen Bezugspersonen übernommen.

Glaubenssätze beschreiben unser tiefes Verstehen und unseren tiefsten Glauben, wer wir sind, welche Fähigkeiten wir haben, welche Erfahrungen wir machen und was uns das Leben in allen Bereich gibt – im mentalen, emotionalen, physischen, spirituellen, finanziellen, sozialen, partnerschaftlichen oder häuslichen. Sie bestimmen unsere persönliche Identität, unser Selbstbild, und legen fest, wie einfach oder schwierig die Dinge in unserem Leben sind, wo unsere Grenzen sind, was wir erwarten und bekommen können und welche Einschränkungen hinsichtlich dessen bestehen, was wir anderen zu geben vermögen oder von ihnen empfangen können und welche Beziehung wir zu Gott oder der größeren spirituellen Kraft haben.

Problem

Probleme entstehen immer dann, wenn sich eine Gruppe von emotionalen Wurzeln mit einem oder mehreren Glaubenssätzen verbindet. Dr. Nims hat durch seine Forschungen entdeckt, dass für ein Problem etwa 700 bis 2000 emotionale Wurzeln bestehen können. Das zeigt, wie komplex und im wahrsten Sinne des Wortes ›verwurzelt‹ Probleme sein können. Bestimmte Probleme treten im Leben immer wieder auf. Nicht, weil wir uns bewusst dafür entscheiden, sie wieder auftreten zu lassen, sondern weil das Unbewusste, unser getreuer Diener, darauf programmiert ist, auf bestimmte äußere Reize, Bedingungen oder Auslöser in einer spezifischen Weise zu reagieren.

Thema

Ein Thema ist ein komplexes Problem, das heißt, es entsteht durch das Zusammenwirken von mehreren Problemen und äußert sich zum Beispiel als Lebensthema mit übergreifenden Auswirkungen auf das persönliche Dasein. Manchmal überschattet ein Lebensthema das gesamte Leben eines Menschen. Häufig sind Lebensthemen verknüpft mit Themen, die schon die

Eltern hatten, und sind ein blinder Versuch, diese Themen für Vater oder Mutter zu lösen. Beispiele hierfür sind Themen rund um Geld, Paarbeziehungen, Erfolg oder Gesundheit.

BSFF-Vereinbarung

Die Vorgabe, die ›Software‹ für das Unbewusste, bezeichnen wir als Vereinbarung oder Instruktion. Dafür gibt es einen bestimmten Text. Es genügt, ihn einmal zu lesen, um ihn zu ›installieren‹. Danach folgt das Unbewusste den darin enthaltenen Anweisungen zum Lösen gespeicherter Probleme.

Schlüsselwort

Sie wählen für sich ein persönliches Wort oder einen sehr kurzen Satz. Dieses BSFF-Schlüsselwort wird gedacht oder ausgesprochen, visualisiert oder aufgeschrieben, um dem Unbewussten das Signal zu geben, BSFF zu starten und die BSFF-Vereinbarung auf ein bestimmtes Problem oder einen Glaubenssatz hin anzuwenden.

Stopper

Es gibt einschränkende Glaubenssätze, verinnerlichte Bilder oder Haltungen, die verhindern können, dass BSFF tiefgreifende Veränderungen machen darf, oder bereits gelöste Probleme wieder zurückholen. Sie werden als Stopper bezeichnet. Es handelt sich beispielsweise um eine grundlegende Skepsis, um Glaubenssätze, die beinhalten, dass diese Methode nicht wirken kann, nicht wirken darf, nicht dauerhaft wirken darf und so weiter. Solche Stopper werden bei der Vereinbarung berücksichtigt und jedes Mal, wenn Sie BSFF anwenden, integriert und nach und nach gelöscht.

Fail-Safe-Verfahren

Dieses spezielle Verfahren kann bei besonders hartnäckigen Problemen oder Themen eingesetzt werden, die schon sehr lange bestehen oder sehr massiv sind. Es wird im Anhang erklärt. Das Fail-Safe-Verfahren empfiehlt sich, wenn die kurze Anwendung von BSFF nicht genügt oder die Probleme zurückkommen sollten. Diese besondere Methode bearbeitet die psychische Umkehrung und löst sie auf. Das schließt die unbewusste Selbstsabotage ein, ein besonders ausgefeiltes Muster von Verdrängung beziehungsweise tief verborgener Auswirkungen von Trauma.

▸ Was mit BSFF möglich ist

BSFF löscht die eventuell vorhandenen negativen emotionalen Wurzeln, Glaubenssätze und Energien beziehungsweise transformiert sie so, dass blockierte Stellen wieder entblockiert werden. So unterstützt BSFF gezielt dabei, einzelne Probleme und emotionale Schwierigkeiten schnell und leicht aufzulösen. Wenn Sie BSFF im Lauf größerer Zeiträume nach und nach auf Ihre Lebenssituationen, Unpässlichkeiten und Probleme anwenden, erleben Sie allmählich die innere Befreiung von blockierenden negativen Einflüssen und eine Zunahme an Klarheit, was Ihren persönlichen Erkenntnis- und Entwicklungsprozess unterstützt. Die Beziehung zum eigenen Unbewussten verbessert sich, wodurch die innere Ruhe und Gelassenheit wächst und sich das Vertrauen in das Leben und in eine höhere Form von Führung vertieft.

Indem Sie allmählich mit dem Unbewussten in Kontakt treten, wachsen Mut und Experimentierfreude, dem Unbewussten auch neue Aufgaben zuzutrauen, zum Beispiel das Wecken zu einer bestimmten Uhrzeit oder auch die Bearbeitung von stressbeladenen Situationen, die in der Zukunft liegen. Es entfaltet sich ein weites Feld mit vielen Entdeckungsmöglichkeiten. Dazu gehört auch die Entdeckung und Anerkennung der Grenzen, die jeder Mensch und jede Methode naturgemäß hat.

Wie bei allem im Leben gibt es aber auch eine dunkle Seite, die uns herausfordert. In der alltäglichen Praxis zeigt sich oft, was für ein gewaltiger Schritt es ist, von irrationalen und belastenden Emotionen frei zu werden. Und darin liegt eine ganz besondere Herausforderung. Wer das nämlich mit BSFF geschafft hat, kommt leicht in die Versuchung, sich als besonders zu fühlen, als besser, größer und weiser als andere. In diese Falle kann man sehr leicht und völlig unbewusst tappen. Auch wenn wir uns dank BSFF wunderbar entfalten können, bleiben wir Menschen mit Fehlern und Unvollkommenheiten und manche vielleicht auch schmerzhafte Erfahrung, die wir auf unserem Lebensweg machen müssen, bleibt uns auch nicht unbedingt erspart. Deshalb sollte man die Achtung nicht verlieren, die Achtung vor allen anderen Menschen, der eigenen Geschichte und der Welt, wie sie ist.

Grundlegende Einsichten

Erfahrungen und Erkenntnisse der energetischen Psychologie, die erklären, wie und warum BSFF wirkt, wurden zuvor immer mal wieder genannt. Hier folgen Sie noch einmal zusammengefasst.

- Probleme und Schwierigkeiten werden von unverarbeiteten negativen Emotionen und inneren Bildern verursacht und den daraus resultierenden unbewussten Glaubenssätzen, also den Schlussfolgerungen des Unbewussten.
- Unsere Emotionen, Gedanken und unser Verhalten werden von unbewussten Programmierungen kontrolliert und begrenzt.
- Der unbewusste Glaube bestimmt die Absicht, das zeitliche Auftreten, die Dauer und Frequenz von psychischen Symptomen und Störungen sowie von Störungen unseres Verhaltens.
- Die einschränkenden inneren Bilder, Glaubenssätze und emotionalen Wurzeln müssen vollständig und komplett entfernt werden, um anhaltende emotionale Freiheit zu erreichen.
- Eine komplette Geschichte, ein vollständiger Werdegang all unserer psychischen Probleme ist im Unbewussten archiviert und wird dort verwaltet.
- Bewusstes Verstehen oder Identifizieren der Ursachen eines Problems ist für eine effektive Behandlung unnötig.
- Jedes spezifische Problem kann augenblicklich mit einem einzigen Verfahren aufgelöst werden.

2

Installation

▸ Das Prinzip

Die Wirkung von BSFF beruht darauf, dass wir in unserem Unbewussten ein Programm installieren, das ihm exakte Anweisungen gibt, wie es ein Problem und alle damit zusammenhängenden Glaubenssätze, Erinnerungen, negative Haltungen und Verhaltensweisen vollständig und dauerhaft auflösen soll. Weil das Unbewusste unser treuer Diener ist, wird es dieses Programm ohne weiteres Zutun zuverlässig und genau ausführen, wenn wir es dazu auffordern.

Anders gesagt, Sie treffen mit Ihrem Unbewussten eine Vereinbarung, in der festgelegt wird, was Ihr Unbewusstes tun soll, wenn Sie ein Problem oder Thema bei sich feststellen und die Absicht haben, dass Ihr Unbewusstes dieses Problem für Sie lösen soll. In dieser Vereinbarung werden alle Schritte genau vorgegeben.

Der große Vorteil besteht darin, dass Sie diese Vereinbarung mit Ihrem Unbewussten nur ein einziges Mal treffen müssen. Zusätzlich vereinbaren Sie ein Schlüsselwort, das den Vorgang im Unbewussten startet, wenn Sie das wollen. Sie behalten also jederzeit die volle Kontrolle darüber, was gelöst und transformiert wird und was nicht, denn nur durch das Schlüsselwort wird der installierte Prozess ausgelöst.

Die Vereinbarung ist das Herzstück von BSFF, sie enthält die eigentliche Behandlungsanweisung. Einem Computerprogramm vergleichbar wird diese Anweisung installiert und ist danach jederzeit aktivierbar. Beim Computer klicken Sie auf

Sie vor Ablenkungen wie Telefon oder Störungen wie hereinstürmende Kinder geschützt sind. Planen Sie für die vorbereitenden Schritte und die ersten Momente mit BSFF mindestens eine Stunde ein, um ganz sicher zu sein.

Diese ersten vier Schritte schaffen die Grundlage für die spätere Anwendung von BSFF. Sie sind nur einmal erforderlich. Entsprechend gelassen und sorgfältig sollten sie durchgeführt werden.

1 ein Schlüsselwort wählen
2 die Vereinbarung mit dem Unbewussten
3 die Anweisung für die Auflösung der Stopper integrieren
4 die Methode ankern und zum ersten Mal anwenden

Wie zuvor erwähnt, merkt sich unser Unbewusstes alles, was wir erleben – auch die folgenden Instruktionen. Und es absolviert anschließend wörtlich genau das, was ihm in der Vereinbarung vorgegeben wird. Sie brauchen sich nicht zu sorgen, Ihr Unbewusstes könnte die folgenden Instruktionen ›vergessen‹. Wenn Sie es aber doch tun, sind Sie jederzeit frei, die Vereinbarung mit Ihrem Unbewussten zu wiederholen.

Während der Installation müssen Sie nicht in einem besonderen Zustand hypnotischer Trance oder ähnlichem sein. Keine besonderen Bedingungen sind erforderlich, wenn Sie nur ungestört sind und genügend Zeit haben. Je einfacher, unkomplizierter und lockerer Ihre Haltung ist, um so besser. Vergessen Sie alles, was Sie bisher über Ihr Unbewusstes geglaubt haben. Es ist unglaublich intelligent, verfügt über eine unvorstellbare Speicherkapazität und wir können uns ganz sicher auf es verlassen. Es sorgt rund um die Uhr für uns, auch wenn wir schlafen, abgelenkt, krank oder verliebt sind. Trauen Sie Ihrem Unbewussten ruhig etwas zu, Sie werden bemerken, es funktioniert.

Es kann sein, dass Sie sich nach Installation der BSFF-Vereinbarung beziehungsweise nach den ersten Schritten mit der Methode etwas müde fühlen, das Bedürfnis nach Ruhe haben oder spüren, dass sich in Ihnen etwas verändert. Das ist ganz normal. Geben Sie Ihrem System genügend Zeit und Ruhe für die notwendigen Veränderungen. Beginnen Sie die Selbstbehandlung anfangs eher etwas zurückhaltend. Belassen Sie es zunächst bei den hier aufgeführten grundlegenden Schritten und schlafen Sie darüber. BSFF wirkt sehr tiefgreifend.

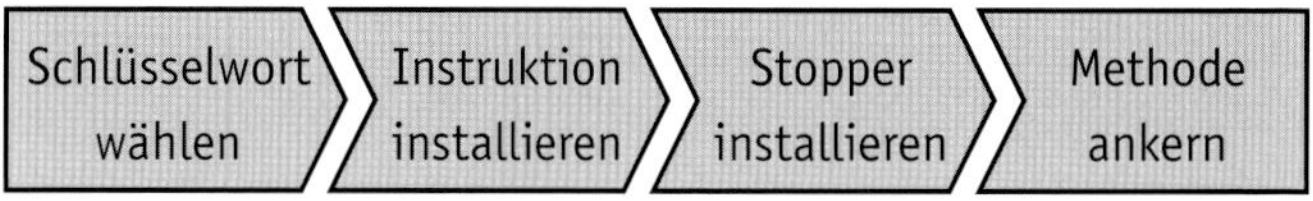

▶ Erster Schritt: Ein Schlüsselwort wählen

Als Schlüsselwort bezeichnen wir ein Wort, zwei Wörter oder einen ganz kurzen Satz von vielleicht drei oder vier Wörtern. Sie brauchen nur ein Schlüsselwort. Sie geben Ihrem Unbewussten den Auftrag, die BSFF-Prozedur durchzuführen, mit dem immer selben Schlüsselwort.

Welches Schlüsselwort Sie wählen, spielt grundsätzlich keine Rolle. Sie sollten sich Ihr Schlüsselwort leicht merken können und es ist gut, wenn es für Sie positiv besetzt ist, zum Beispiel mit einer schönen Erinnerung oder angenehmen Empfindungen verbunden. Vielleicht denken Sie dabei an einen Ort, den Sie lieben, an ein Bild, dass Ihnen Kraft schenkt, oder eine Situation, in der Sie sich voller Liebe gefühlt haben. Ein Wort, das Ihnen ein Lächeln ins Gesicht zaubert. Eher ungeeignet erscheinen Wörter oder Begriffe, die negative Assoziationen hervorrufen oder an denen emotional belastete Bilder andocken. BSFF darf Spaß machen, Ihr Unbewusstes wird Sie dafür lieben und Sie unterstützen.

Sie können das Schlüsselwort jederzeit ändern, wann immer Sie das wollen. Wie Sie das tun können, wird im Kapitel »Fragen und Antworten« erklärt.

Wählen Sie Ihr Schlüsselwort und schreiben es in den freigehaltenen Platz in der folgenden »Vereinbarung für das Unbewusste«. Das hat den Sinn, dass Sie Ihr Schlüsselwort später mitlesen können und es dabei auch vor Augen haben, wenn Sie die Vereinbarung installieren. Schreiben Sie mit einem Bleistift, damit Sie es neu eintragen können, wenn Sie Ihr Schlüsselwort später ändern wollen.

In den folgenden Kapiteln steht immer dort, wo Sie Ihr persönliches Schlüsselwort einsetzen sollen, das Sigel ✉

▶ Zweiter Schritt: Die BSFF-Prozedur

Im Text der Instruktion ist Platz gelassen. Tragen Sie dort Ihr Schlüsselwort ein. Dann können Sie den Text lesen und dadurch die BSFF-Prozedur installieren. Sie können den Text selbst lesen. Es ist besser, wenn Sie ihn sich selbst laut vorlesen, als nur stumm zu lesen. Sie können sich den Text auch vorlesen lassen, dann sollten Sie aber selbst mitlesen oder das Vorgelesene innerlich mitsprechen. Ob Sie selbst lesen oder vorgelesen bekommen, achten Sie darauf, deutlich, betont und langsam zu lesen und bleiben Sie mit Ihrer Aufmerksamkeit bei dem Text, bei jedem einzelnen Wort. Wenn Sie an die Stelle kommen, an der Ihr Schlüsselwort steht, lesen Sie es mit, denn Sie wollen Ihrem Unbewussten ja vermitteln, welches Wort ab sofort die BSFF-Prozedur starten soll.

Vielleicht wundern Sie sich darüber, dass die Vereinbarung mit Ihrem Unbewussten im Plural formuliert ist, also »wir« und »unser« verwendet wird. Diese Formulierung berücksichtigt die Tatsache, dass viele Menschen, häufig ohne es zu wissen, fragmentiert sind, das heißt, Teile des Unbewussten in traumatischen Situationen abgespalten haben. Wenn das nicht der Fall ist, schadet die Wir-Formulierung nicht, ansonsten werden aber diese fragmentierten Teile und damit das Unbewusste in seiner Gesamtheit in der Vereinbarung angesprochen.

Bei den späteren Behandlungen müssen Sie diese Wir-Form nicht verwenden, die Erfahrung zeigt aber, dass es manchmal hilfreich und unterstützend sein kann. Besonders am Beginn der Arbeit mit BSFF ist es sicherer, Glaubenssätze sowohl in der Wir-Form als auch in der Ich-Form zu bearbeiten.

Wenn Sie die Vereinbarung lesen, lesen Sie bitte auch die Überschrift »Vereinbarung mit unserem Unbewussten« sowie den Schlusssatz »Ende der Vereinbarung mit unserem Unbewussten« mit. Diese beiden Sätze vermitteln Ihren Unbewussten unmissverständlich, wo die Anweisung beginnt und wo sie endet.

Es ist nicht notwendig, dass Sie den Inhalt der Vereinbarung bewusst verstehen, in ihrem Verstand nachvollziehen können. Es sind Anweisungen für das Unbewusste. Ihr Unbewusstes versteht die Anweisungen und kann sie umsetzen. Wann immer Sie das wollen.

Die Instruktion ist frei von versteckten Botschaften oder geheimen Anweisungen, die etwas in Ihnen auslösen, das Sie nicht wollen oder nicht kontrollieren können.

Lesen Sie nun die folgende »Vereinbarung mit unserem Unbewussten« leise oder laut vollständig. Setzen Sie Ihr Schlüsselwort an der entsprechenden Stelle ein, lesen Sie es mit und haben Sie dabei die Absicht, dass Ihr Schlüsselwort von nun an Ihr Schlüsselwort ist, das den einleitenden Befehl für Ihr Unbewusstes gibt, BSFF zu starten.

Vereinbarung mit unserem Unbewussten

Die folgenden Anweisungen sind für Dich, unser Unbewusstes.

Wann immer wir ein Problem bemerken, das wir von Dir entfernen lassen wollen, und wir unser Schlüsselwort denken oder aussprechen, entfernst Du dieses Problem vollständig und sofort für uns mit der hier beschriebenen BSFF-Methode.

Unser Schlüsselwort lautet:

Du behandelst gleichzeitig alle genetischen, ahnenbezogenen, übernommenen, generationsbezogenen, familienbezogenen und gegenwärtigen Aspekte dieses Problems, sowie all dessen abgespaltene und fragmentierte Teile und sämtliche emotionalen Wurzeln und Glaubenssätze, Bilder und Symbole, die mit diesem Problem und/oder mit verwandten Erfahrungen auch nur in irgendeiner Verbindung stehen. Das heißt, dass Du alle geistigen, emotionalen, physischen und spirituellen Teile, sowie alle abgespaltenen/fragmentierten Teile, von uns verinnerlichte oder übernommene Bilder und Haltungen dieses gesamten Problems behandelst. Alle diese Teile – in welcher

Kombination auch immer sie auftreten mögen – werden mit den Wörtern »wir, uns, unsere Gesamtheit, unser, unsere, ich, mich, mein und so weiter« angesprochen.

Du entfernst alle diese Teile auf allen Ebenen, die in irgendwelcher Weise direkt oder indirekt bei dem Problem, das wir von Dir behandeln lassen wollen, eine Rolle spielen, es nähren, es mit verursachen oder es irgendwie aufrechterhalten oder unterstützen.

Bei jeder BSFF-Behandlung behandelst Du alle diese energetischen Muster, emotionalen Wurzeln, Glaubenssätze und gespeicherten Bilder und lässt sie komplett und dauerhaft gehen. Du lässt sie vollständig und für immer aus unserem System fließen.

Das bedeutet, dass Du, unser Unbewusstes, sämtliche negativen und hemmenden emotionalen Wurzeln und Glaubenssätze, Bilder und Symbole, die mit jedwedem Problem, das wir beabsichtigen von Dir behandeln zu lassen, auch nur irgendwie zusammenhängen, entfernst. Jede BSFF-Behandlung umfasst alle Male, wo wir je dieses Problem oder Teile dieses Problems erfuhren oder durchlebten.

Bei jeder Problembehandlung beziehst Du auch solche Probleme mit ein, die je entstanden sind oder ausgelöst werden durch alle möglichen Kombinationen von Kopfpositionen und Augenpositionen, Körperhaltungen und Körperfunktionen, die in uns aktiv waren, als jedwedes Problem entstand oder irgendwann in unserem Leben auftrat.

Gleichzeitig entfernst Du bei jeder BSFF-Behandlung auch jeden posttraumatischen Stress, der mit jeder emotionalen Wurzel unseres Problems verbunden und durch oder während der Aktivität dieser emotionalen Wurzel ausgelöst oder wiederausgelöst worden ist.

Du löst diesen Stress gründlich auf, so dass er in uns keinerlei geistige, emotionale, physische oder spirituelle Beschwerden oder Unausgeglichenheiten mehr auslösen kann. Die Stressfaktoren, die Du entfernst, umfassen alle der folgenden negativen Effekte auf unsere Gesamtheit und alle anderen schwächenden und unterbrechenden Effekte des behandelten Problems:

- Trauma in unserem System
- Stress in unserem System
- Verletzung in unserem System
- Erschütterung in unserem System
- Verärgerung, Wut in unserem System
- Angst in unserem System
- Schock in unserem System
- Traurigkeit in unserem System
- Verzweiflung in unserem System
- Erschöpfung in unserem System
- Verwirrung in unserem System

Du tust das alles für uns, unabhängig davon, ob uns bewusst ist, was das Problem ist, oder nicht, und sogar dann, wenn wir das Problem nicht identifizieren, mit Worten beschreiben oder benennen können. Es genügt einfach, wenn wir ein Problem bemerken und die Behandlung mit unseren Gedanken oder unserer Stimme einleiten, indem wir unser Schlüsselwort denken oder aussprechen. Daraufhin behandelst und entfernst Du das Problem und alle damit verbundenen Teile, bis in die tiefsten Ebenen und bis in ihren innersten Kern – vollständig und für immer.

Du tust das alles für uns, egal welche Kombinationen unserer Gesamtheit zu der Zeit mit einbezogen und betroffen waren, als jedes einzelne dieser verbundenen Probleme entstand oder wiedererlebt wurde.

Du entfernst alle Probleme, die wir behandeln, komplett und dauerhaft, zusammen mit allen möglicherweise in uns vorhandenen unbewussten Programmierungen und Bildern, die jetzt oder irgendwann bewirken können, dass wir diese Probleme behalten oder zurückholen. Oder die bewirken können, dass wir erlauben, dass sie wiederkommen, oder gestatten, dass sie zu uns zurückkehren. Du entfernst auch solche Programmierungen, die bewirken können, dass wir diese Probleme passiv – egal, in welcher Art, Form oder auf welchem Wege – je zurücknehmen oder wiederannehmen oder von anderen übernehmen.

Du entfernst auch gleichzeitig jedwedes Problem, dass uns, auf welche Art und Weise, wann auch immer in Zukunft für die Rückkehr behandelter Probleme anfällig und empfänglich machen könnte. Und Du verwandelst das übergeordnete Konzept hinter den Problemen in *Liebe*. Und Du aktivierst alle stärkenden und lebensbejahenden Programme, die ideal für unseren Lebensweg sind.

Wann immer wir Dich auffordern, ein bestimmtes Problem zu behandeln und zu entfernen, vermittelst Du darüber hinaus unserem Bewusstsein eine klare Wahrnehmung aller Probleme, die mit dem zu behandelnden Problem zusammenhängen. Du vermittelst uns diese Wahrnehmung in Bildern, Worten oder Symbolen, die wir bewusst erkennen, deuten und verstehen können.

Du machst dies alles ab sofort für uns, für jedes Problem, das wir je bemerken und behandeln wollen, wann immer wir die Behandlung mit unserem Schlüsselwort einleiten.

Du machst das für uns mit jedem Schlüsselwort, das wir Dir je als einleitenden Befehl für die BSFF-Behandlung geben.

Alles, was wir zu tun haben, wenn wir ein Problem bemerken, ist, die BSFF-Behandlung mit einem von uns gewählten Schlüsselwort einzuleiten.

Wenn wir Wut, Verurteilung, Kritik und Unverzeihlichkeit oder jegliche andere einschränkende Gedanken, einschränkende Gefühle, einschränkende Haltungen oder einschränkenden Glauben uns selbst gegenüber behandeln, schließt Du alle aus früheren Behandlungen übriggebliebene unbehandelte Wut, Verurteilung, Kritik und Unverzeihlichkeit uns selbst gegenüber in diese Behandlung mit ein. Bei diesen Aktualisierungsbehandlungen ist es unerheblich, wie lange diese früheren Behandlungen zurückliegen.

Bei jeder Behandlung von Wut, Zorn, Schmerz, Widerstand und Unverzeihlichkeit gegenüber einer anderen Person oder einer Gruppe von Menschen behandeln wir diese Haltungen hinsichtlich der ganzen Persönlichkeit und aller Teile dieser Person oder aller Personen innerhalb dieser Gruppe von Menschen.

Du tust das, auch wenn wir die Bezeichnungen »du« oder »ihr« oder Namen verwenden, wenn wir uns während der Behandlung auf diese Person oder Personen beziehen.

Unser Unbewusstes, Du beziehst ab sofort, wann immer wir Dich auffordern, ein Thema oder Problem mit BSFF zu behandeln, auch die Behandlung der Stopper mit ein. Ebenso beziehst Du die Behandlung unserer Widerstände und Unverzeihlichkeit gegen uns selbst, gegen das Leben und in das Problem involvierte Menschen mit ein und machst das für uns, jedes Mal, wenn wir Dich mit unserer Absicht und unserem Schlüsselwort dazu auffordern, eine BSFF-Behandlung für uns durchzuführen. Du behandelst jedes Thema für uns auf allen Ebenen und bis in seinen tiefsten Kern.

Unser Unbewusstes, ab sofort vollziehst Du – wenn wir Dich dazu auffordern – all diese kompletten Anweisungen für uns unter allen Bedingungen, allen Umständen und in allen Situationen, Befindlichkeiten und inneren Zuständen, in denen wir uns befinden, an die wir uns erinnern oder die wir uns vorstellen – im Einklang mit dem Fluss von Liebe und Achtung zwischen uns, der Erde und allen Lebewesen.

Unser Unbewusstes, wir danken Dir und schätzen und achten Dich zutiefst dafür, dass Du in jeglicher Hinsicht immer unser treuer Diener bist.

Ende der Vereinbarung mit unserem Unbewussten.

▶ Dritter Schritt: Anweisung für Stopper

Stopper sind einschränkende Glaubenssätze, die unter bestimmten Voraussetzungen die Wirkung der Methode abschwächen oder bewirken können, dass zuvor bearbeitete und erledigte Themen und Probleme wieder zurückkommen.

Es handelt sich dabei um die folgenden Glaubenssätze, die den Erfolg von BSFF erfahrungsgemäß am häufigsten einschränken. Damit Sie diese blockierenden Haltungen und Glaubenssätze nicht immer wieder aufs Neue thematisieren und BSFF darauf anwenden müssen, gibt es eine Vereinfachung. Dazu treffen Sie mit Ihrem Unbewussten die Vereinbarung, dass es selbstständig, wann immer Sie den Befehl dazu geben, alle diese eventuell vorhandenen, einschränkenden Glaubenssätze auflösen soll. Da bei vielen Menschen sehr tiefsitzende Überzeugungen existieren, die mit Angst vor Veränderung, Skepsis, kritischen Haltungen und so weiter zu tun haben, zeigt die Erfahrung, dass es hilfreich ist, diese unbewussten Haltungen einfach immer automatisch mit in die Arbeit einzubeziehen. Nachdem Sie das mit Ihrem Unbewussten vereinbart haben, genügt es, lediglich einen kurzen Satz zu denken, und schon werden alle Haltungen, die Sie möglicherweise in Ihrem Unbewussten gespeichert haben und die einer positiven Veränderung entgegenstehen könnten, nach und nach aufgelöst. Dabei ist es unerheblich, ob Sie alle der folgenden Glaubenssätze verinnerlicht haben oder nicht. Wenn ein Glaubenssatz existiert, der Sie einschränkt, wird er aufgelöst. Existiert er in Ihrem Unbewussten nicht, geschieht auch nichts. Diese Installation erfolgt also aus Gründen der Vereinfachung der Methode.

Jedes Mal, wenn Sie die folgenden einschränkenden Glaubenssätze transformieren und auflösen wollen, brauchen Sie nur noch das Wort »Stopper« gefolgt von Ihrem Schlüsselwort zu denken oder zu sprechen, also: »Stopper! – «. So einfach ist das.

Zusätzlich und zur Sicherheit werden die einschränkenden »Stopper-Glaubenssätze« auch jedes Mal automatisch mit behandelt, wenn Sie Ihr Schlüsselwort denken, um BSFF auf ein beliebiges Thema anzuwenden. Diese Anweisung ist in der BSFF-Vereinbarung enthalten.

Wenn Ihnen bereits persönliche Glaubenssätze bekannt sind, die den Erfolg von BSFF in Frage stellen könnten, fügen Sie diese jetzt einfach der folgenden Liste von Stoppern hinzu. Sie können die Liste beliebig ergänzen, erweitern oder auch kürzen, also Ihrer individuellen Situation, Ihren eigenen Bedürfnissen und eigenen Sichtweisen anpassen.

Lesen Sie die folgende Instruktion oder lassen Sie sich vorlesen ganz genau so, wie es zuvor für die Vereinbarung mit dem Unbewussten beschrieben wurde.

Vereinbarung mit unserem Unbewussten

Unser Unbewusstes, die folgenden Glaubenssätze, Bilder und Haltungen sind Stopper. Du behandelst sie jedes Mal, wenn wir Dir die Anweisung geben, ein Problem für uns zu behandeln und die Behandlung durch unser Schlüsselwort einleiten, und auch immer dann, wenn wir Dich mit dem einleitenden Satz »Behandle jetzt die Stopper« oder dem Wort »Stopper« und unserem Schlüsselwort dazu auffordern, und löst sie für uns vollständig und dauerhaft auf:

- Ich habe Angst, dass BSFF bei mir nicht funktionieren wird.
- Ich habe Angst, dass die Wirkungen bei mir nicht dauerhaft sind.
- Ich bezweifle, dass BSFF bei mir funktioniert.
- Ich bezweifle, dass es dauerhaft wirkt.
- Ich verdiene es nicht, dass BSFF bei mir dauerhaft gute Veränderungen bewirkt.
- Ich habe Angst, etwas zu verlieren, wenn ich meine Probleme löse.
- Es ist riskant für mich, meine Probleme zu lösen.
- Ich bin es nicht wert, meine Probleme zu lösen.
- Ich traue mir selbst nicht zu, effektiv und erfolgreich mit BSFF zu arbeiten.
- Ich bezweifle, dass ich Probleme effektiv auf diese neue Weise behandeln kann.
- Ich zweifle an meiner Fähigkeit, die guten Veränderungen in meinem Leben umzusetzen.
- Ich bin anfällig und empfänglich dafür, eines oder mehrere der behandelten Probleme wieder anzunehmen.
- Ich habe noch ein oder weitere Probleme, die mich daran hindern, mit BSFF erfolgreich zu sein, und die bewirken, dass die Erfolge dauerhaft sind.

Ende der Vereinbarung mit unserem Unbewussten.

▶ Vierter Schritt: Die Methode ankern

Nun haben Sie ein Schlüsselwort gefunden, die Instruktion mit dem Unbewussten eingespielt, sowie Ihrem Unbewussten eine Vereinbarung über den Umgang mit Stoppern gegeben. Jetzt ist es Zeit, BSFF erstmalig anzuwenden und es für Sie zu einem einzigartigen und hilfreichen Werkzeug werden zu lassen.

BSFF hat die Eigenschaft, dass es das Einschränkende, Negative, das Leben verneinende automatisch für Sie auflöst, aus Ihrem Unbewussten ausradiert. Das Positive, Lebensbejahende und Stärkende bleibt erhalten beziehungsweise kann nach der Auflösung, dem Ausradieren der blockierenden Glaubenssätze, deutlicher hervortreten.

Was geschieht, wenn Sie auf einen *positiven, freimachenden* Glaubenssatz BSFF anwenden? BSFF löscht alle eventuell vorhandenen Glaubenssätze und emotionalen Wurzeln, die diesem freimachenden Satz oder dieser lebensbejahenden inneren Haltung entgegenstehen. Alle positiven Ressourcen, kraftvollen inneren Bilder und freimachenden Glaubenssätze, also alles, was dem Leben dient, bleibt von BSFF unangetastet.

Was geschieht, wenn Sie BSFF auf einen *einschränkenden, lebensverneinenden* Glaubenssatz anwenden? BSFF löscht diesen Satz für Sie und alle zugrunde liegenden, verursachenden emotionalen Wurzeln, Bilder und energetischen Strukturen. Anschließend sind Sie frei, sich für etwas Neues zu entscheiden, das Ihren Zielen und Ihrem Eigenen mehr entspricht.

Das Ankern und erstmalige Anwenden der Methode geschieht, indem Sie BSFF auf die folgenden Glaubenssätze anwenden. Wenden Sie sich den Sätzen innerlich zu, indem Sie sich auf den jeweiligen Satz konzentrieren und ihn kurz auf sich wirken lassen. Geben Sie dann innerlich die Erlaubnis, dass Ihr Unbewusstes BSFF auf den jeweiligen Satz anwenden darf. Denken oder sprechen Sie unmittelbar nach jedem Satz Ihr Schlüsselwort. Zur Verstärkung können Sie sich Ihr Schlüsselwort als eine goldene Kugel vorstellen, die zum gespeicherten Problem schwebt und dieses transformiert, es löst, neutralisiert und neues Gleichgewicht bewirkt.

Warten Sie jeweils ungefähr zwanzig Sekunden, bis Sie zum nächsten Satz gehen und diesen ebenso bearbeiten.

- » Ich sage Ja zu mir selbst. ✉
- » Ich sage Ja zu meinem Leben. ✉
- » Das Leben ist schön. ✉
- » Ich sage Ja zu mir mit allen meinen Anteilen. ✉
- » Ich bin ein guter Mensch. ✉
- » Ich achte mich und nehme mich selbst genau so an, wie ich bin. ✉
- » Ich will leben. ✉
- » Ich bin stark. ✉
- » Das Leben ist schön. ✉
- » Ich bin ganz. ✉
- » Ich bin in Sicherheit. ✉
- » Ich fühle mich sicher. ✉
- » BSFF arbeitet effektiv für mich. ✉
- » Alles geht wie von selbst. ✉
- » Mir fällt das Glück in den Schoß. ✉
- » Ich bin voller Dankbarkeit. ✉
- » Ich tue mir etwas Gutes. ✉
- » Ich tue etwas für mich. ✉

3

Anwendung

▸ Praktische Vorgehensweise

Im Prinzip besteht BSFF aus drei Schritten, die innerlich vollzogen werden. Dabei übernimmt das Unbewusste den wesentlichen Part, es erledigt die eigentliche innere Arbeit. Ihr bewusster Anteil besteht darin, innerlich zu sagen, worauf Ihr Unbewusstes BSFF anwenden soll, Ihre Wahrnehmung nach innen zu richten und sich möglichst genau zu spüren.

Sie legen also Ihren inneren Fokus auf ein belastendes Gefühl oder auf einen angstmachenden Gedanken, der immer wieder kommt, oder auf eine Erinnerung, die Sie quält, oder auf ein Problem, also auf das Thema, mit dem Sie sich beschäftigen wollen. Gehen Sie ganz in Kontakt mit dem Gefühl, der Erinnerung, dem Gedanken.

Dann geben Sie innerlich die Erlaubnis dazu, dass dieses fokussierte Thema mit BSFF aufgelöst wird. Dies geschieht einfach durch einen Gedanken, durch die bloße Intention zur Befreiung, zur Lösung: »Ich bin jetzt bereit und gebe die Erlaubnis zu Veränderung, Lösung, Heilung.« Und Sie geben Ihrem Unbewussten einen klaren Auftrag in Form eines Gedankens wie:

» Unbewusstes, entferne jetzt meine Angst vor meinem Chef.

oder

» Unbewusstes, löse jetzt meine Angst vor dieser Prüfung vollständig auf.

Nach der Anweisung denken Sie Ihr Schlüsselwort. Sie können es auch sprechen. In diesem Buch wird das durch ✉ dargestellt. Immer, wenn Sie dieses Piktogramm lesen, ist damit gemeint, dass Sie Ihr Schlüsselwort denken oder sprechen.

Sofort läuft in Ihrem Unbewussten blitzschnell ab, was in der Vereinbarung mit dem Unbewussten vorgegeben wurde. Ihr Unbewusstes radiert nun alle emotionalen Wurzeln, Glaubenssätze, gespeicherten Bilder und was immer zum Entstehen Ihres Problems ursächlich beigetragen hat, aus. Es mag seltsam klingen, aber es funktioniert.

Thema wählen → Erlaubnis geben → Schlüsselwort denken

Beim Beispiel Angst spüren Sie nun, ob und wie sich die Angst anfühlt. Ist sie gleich geblieben? Hat sie sich verändert? Ist sie weniger geworden? Hat sie sich aufgelöst? Hier gibt es mehrere Möglichkeiten. Die jeweilige Umgangsweise wird im Folgenden beschrieben.

Woran bemerken Sie, dass eine Veränderung stattfindet oder abgeschlossen ist? Sie spüren zum Beispiel, wie sich Ihr Gefühl verändert, dass Sie eingangs wahrgenommen haben, als Sie den Fokus auf Ihr Problem legten. In unserem Beispiel soll es die Angst vor dem Chef sein. Sie nehmen wahr, wie sich die Angst abschwächt, die Sie zuvor belastet hat, bis sie vollkommen und dauerhaft aufgelöst ist.

Sicherheitshalber können Sie Ihr Schlüsselwort jeweils ein zweites und noch ein drittes Mal denken oder sprechen. Nun fühlen Sie in sich hinein. Spüren Sie, ob und was sich verändert. Auf welchem Niveau ist Ihr Gefühl von Angst? Ist sie noch vorhanden, dann denken oder sagen Sie erneut Ihr Schlüsselwort und haben dabei die Intention, diese Angst von Ihrem Unbewussten auflösen zu lassen.

Erste Möglichkeit

Für den Fall, dass sich das behandelte Gefühl, Thema oder Problem aufgelöst hat, sind Sie fertig. Vorbeugend und um sicherzustellen, dass das Problem aufgelöst bleibt und nicht wieder zurückkommt, können Sie Ihre Arbeit mit der einmaligen Aufforderung an Ihr Unbewusstes abrunden:

» Unbewusstes, behandle jetzt die Stopper. ✉

Damit lösen Sie eventuell bewusst oder unbewusst vorhandene Zweifel, Bedenken oder einschränkende Glaubenssätze auf, die den Erfolg und die Dauerhaftigkeit Ihrer Arbeit mit BSFF beeinträchtigen können.

Zweite Möglichkeit

Wenn sich Ihr eingangs mit BSFF behandeltes Gefühl abgeschwächt hat, Sie es aber noch wahrnehmen können, wiederholen Sie einfach die Aufforderung an Ihr Unbewusstes:

» Unbewusstes, entferne jetzt meine Angst vor meinem Chef. ✉

Sie können die Aufforderung auch variieren und genauer formulieren:

» Unbewusstes, löse auf, was an Angst vor meinem Chef noch übrig ist. ✉
» Unbewusstes, löse meine restliche Angst vor meinem Chef vollständig auf. ✉

Wiederholen Sie dies so lange, bis Ihr Gefühl aufgelöst ist. Meist genügt es, einfach wiederholt das Schlüsselwort zu denken. Solange klar ist, was Sie wollen, ist es nicht erforderlich, ständig neue Aufforderungen im Sinne obiger Sätze zu denken. Runden Sie ab mit der Aufforderung:

» Unbewusstes, behandle jetzt die Stopper. ✉

Dritte Möglichkeit

Manchmal zeigen sich bei der Anwendung von BSFF noch weitere Themen, die zuvor angeschaut werden wollen. Viele Themen und Probleme sind im Unbewussten miteinander verknüpft. Es kann sein, dass Sie BSFF zuerst auf ein anderes Thema anwenden müssen, um den von Ihnen gewünschten Erfolg zu erzielen. Welches Thema das ist, wird Ihnen von Ihrem Unbewussten gezeigt.

Sie können Ihr Unbewusstes dazu auffordern, Ihnen eine klare Wahrnehmung über das zu vermitteln, was Ihr Problem verursacht oder aufrechterhält. Hier ein Beispiel für eine solche Anweisung:

» Unbewusstes, ich gebe Dir jetzt die Erlaubnis, mir eine klare Wahrnehmung von dem zu übermitteln, was *[Beschreibung Ihres Problems]* verursacht, nährt und aufrecht erhält. ✉

Dies geschieht von Mensch zu Mensch auf unterschiedliche Weise. Es kann sich dabei um Empfindungen handeln, die Sie plötzlich in Ihrem Körper wahrnehmen, zum Beispiel in Form von Druck oder Enge an einer bestimmten Stelle, oder um Gefühle, zum Beispiel von Traurigkeit, oder um plötzlich auftauchende Gedanken, zum Beispiel in Form eines Glaubenssatzes, oder um Erinnerungen, die präsent werden.

Sollten Sie also bemerken, dass sich plötzlich Empfindungen in Ihrem Körper, Gefühle, Gedanken oder Bilder einstellen, so ist dies ein wichtiger Zwischenschritt bei der Anwendung von BSFF. Erlauben Sie diesen Empfindungen oder Gedanken, egal welcher Art, sich einzustellen. Legen Sie Ihren inneren Fokus nun auf Ihre Empfindung in Ihrem Körper oder auf die aufgetretene Emotion oder auf den Glaubenssatz, der Ihnen plötzlich bewusst wurde oder auf Ihre Erinnerung. Zum Beispiel könnte eine solche Einsicht sein, dass Ihr Chef Sie an Ihren Vater erinnert und der wollte immer, dass Sie perfekt sind und keine Fehler machen. Dann legen Sie Ihren inneren Fokus zunächst auf Ihren Vater und Ihre Beziehung zu ihm. Wenden Sie BSFF an, indem Sie Ihr Schlüsselwort in alle Situationen denken, an die Sie sich in diesem Zusammenhang erinnern können. Haben Sie dabei die Intention, dass Ihr Unbewusstes all Ihre Angst vollständig auflöst.

Im Anhang finden Sie eine Liste mit Gefühlen. Wenn Sie sich nicht sicher sind, welche Empfindung gerade bei Ihnen auftritt, hilft Ihnen diese Liste möglicherweise weiter. Sie kann Sie dabei unterstützen, sich klarer wahrzunehmen und Ihre Empfindungen zu benennen.

Prüfen Sie zunächst, ob in den inneren Bildern eine für Sie wichtige Information enthalten ist. Manchmal können wir so unsere Vergangenheit besser verstehen oder mit einer vergangenen Situation unseren Frieden machen und diese abschließen.

Widerstände aller Art, also alle Arten von Unverzeihlichkeit, Wut, Kritik, Verurteilung, Vorwürfe auf die eigene oder auf eine andere Person bezogen können der Grund für das Weiterbestehen von Problemen sein. Die Umgangsweise damit wird im Kapitel über Widerstände näher erläutert. Ziel ist, alles anzuerkennen, wie es war und wie es ist. BSFF unterstützt Sie dabei, alle übermächtigen Gefühle von Zorn, Wut, Verletztheit, Traurigkeit und Schmerz zu transformieren.

Haben Sie nun die Absicht, auf all das, was sich gerade bei Ihnen zeigt, BSFF anzuwenden:

» Unbewusstes, behandle das. ✉

oder

» Unbewusstes, löse *[setzen Sie ein, was sich bei Ihnen zeigt]* auf. ✉

Nehmen Sie erneut Ihren Körper wahr. Spüren Sie ihn und achten Sie darauf, ob es Stellen gibt, wo Sie ein Gefühl von Druck, Enge oder Veränderung wahrnehmen können. Fühlen Sie ihre Emotionen. Welche sind gerade da? Welche Gedanken, innere Sätze oder Bilder, sowie Erinnerungen zeigen sich? Denken Sie in alles, was auftaucht, Ihr Schlüsselwort mit der Intention, dass Ihr Unbewusstes alles auflösen soll, was Ihrem Glück, Ihrer Gesundheit, Ihrem Wachstum, Ihrem Ja zu Ihrem Leben im Weg steht.

Wiederholen Sie das so oft und auf alle Wahrnehmungen, die sich einstellen, bis Sie eine Empfindung von Stille, Entspannung, Ruhe oder innerem Frieden wahrnehmen oder bis es in Ihnen ruhig wird. Häufig ist dies verbunden mit Reaktionen des autonomen Nervensystems im Sinne von tiefem Atmen, Seufzen, Gähnen oder einer körperlichen Entspannung. Das ist gut so und ein Zeichen dafür, dass Spannungszustände abgebaut werden. Es ist nicht erforderlich, alles zu verstehen, was abläuft. Vertrauen Sie darauf, dass Ihr Unbewusstes die richtigen Schritte in der jeweils richtigen Reihenfolge für Sie tut.

Runden Sie ab mit:

» Unbewusstes, behandle jetzt die Stopper. ✉

Dies bewirkt, dass alle eventuell noch vorhandenen bewussten oder unbewussten Zweifel oder den Vorgang behindernde Glaubenssätze und einschränkende Haltungen aufgelöst werden. Dazu gehören auch Haltungen, die ein gutes Ergebnis wieder verblassen lassen und das Problem wieder zurückholen können. Das Resultat wird dauerhaft.

Vierte Möglichkeit

Wenn sich das von Ihnen ausgewählte Problem nicht verändert, kann das unterschiedliche Gründe haben. Möglicherweise wollen erst andere Themen angeschaut werden. Wenden Sie BSFF auf ein anderes Thema, Problem oder Symptom an. Spielen Sie einfach mit der Methode. Hilfreich ist manchmal auch ein Ortswechsel. Probieren Sie es auf einem Spaziergang, unter der Dusche oder an einem anderen Tag. Wiederholen Sie die Anwendung mehrmals. Berücksichtigen Sie auch das Kapitel über Widerstände. Wenden Sie zusätzlich das Fail-Safe-Verfahren (s. Anhang) an. Es bringt auch in hartnäckige Themen Bewegung.

In den folgenden Kapiteln finden Sie weiteren Möglichkeiten, Beispiele und Anregungen, wie Sie mit BSFF erfolgreich sein können.

Vertiefende Anweisungen

Um eine möglichst ganzheitliche und alle Ebenen ansprechende Wirkung zu erzielen, können Sie Ihrem Unbewussten noch genauer sagen, wo es wirken soll. Dazu ist der folgende Satz geeignet:

» Unbewusstes, behandle und löse *[Problem]* auf meiner Zellebene, in meinem Energiesystem und meinen Gefühlen, in meinem Geist und der Seele. ✉

Gefühle, die uns belasten, sind nicht immer unsere eigenen. Auf vielfältige Weise fließen zu uns auch die Gefühle anderer Menschen. Insbesondere von unseren Eltern oder von Personen, mit denen wir eng verbunden sind oder waren. Nehmen wir belastende Gefühle bei uns wahr, für die wir eigentlich keinen Grund haben, von denen wir aber wissen, dass sie beispielsweise zu unserem Vater oder unserer Mutter gehören, geben wir dem Unbewussten folgende Anweisung:

» Unbewusstes, *[Gefühl genau benennen]* gehört zu *[Person]*. Es darf jetzt zurückfließen in das Herz von *[Person]*. ✉

Sie können Ihrem Unbewussten auch klare Vorgaben mit der Aufforderung geben, es möge für Sie an einer Lösung arbeiten:

» Unbewusstes, *[genaue Beschreibung des Problems]* ist mein Problem. Bearbeite es und löse es vollständig für mich auf. ✉ Danke.

Alles, was im Bereich seiner Möglichkeiten liegt, wird Ihr Unbewusstes für Sie bearbeiten, löschen oder transformieren, wenn Sie ihm den Auftrag dazu geben. Vertiefende, ergänzende Schritte, auch unter Einbeziehung von Glaubenssätzen, sind in den folgenden Kapiteln beschrieben.

Wenn Sie in Handlungen involviert waren, bei denen Sie traumatisiert wurden, und Sie deshalb starke Gefühle von Hass, Vorwurf oder Unverzeihlichkeit haben, fügen Sie die ergänzenden Schritte im Kapitel über Unverzeihlichkeiten hinzu.

Für den Fall, dass etwas nicht dauerhaft und tiefgreifend gelingt, finden Sie im Abschnitt über das Fail-Safe-Verfahren Anleitung, wie Sie vorgehen können.

In den folgenden Kapiteln finden Sie viele Beispiele für Glaubenssätze und Glaubenssysteme. Dabei handelt es sich um Beispiele, die Ihnen helfen sollen, sich in die inneren Vorgänge und erkenntnisreichen Dialoge einzufühlen, die zuweilen durch BSFF aktiviert werden. Es ist dabei nicht erforderlich, seitenlange Listen mit Glaubenssätzen aufzuschreiben. Die Listen sind lediglich Beispiele für Glaubenssätze, von denen manche möglicherweise bei Ihnen aktiv sein könnten, und sollen Sie dabei unterstützen, so zu denken, wie Ihr Unbewusstes strukturiert ist, und sich in die spannende Welt Ihres Unbewussten besser einzufühlen.

Im Folgenden werden einige Probleme und Herangehensweisen betrachtet, um das Prinzip und die praktische Umsetzung zu vertiefen. Außerdem werden einige Methoden vorgestellt, die Sie zusätzlich einsetzen können.

▸ Allgemeine Tipps

Gerade am Anfang, wenn die Anwendung von BSFF noch ungewohnt für Sie ist, sollen Ihnen die folgenden Tipps helfen, sich mit der Methode schneller anzufreunden und die vielfältigen Einsatzmöglichkeiten zu erkennen und zu nutzen.

◆ Mit dem Leichten beginnen

Anfangs ist man versucht, BSFF auf alle möglichen Themen und insbesondere die ›ganz schweren Brocken‹ anzuwenden. Die Erfahrung zeigt aber, dass es erfolgversprechender ist, BSFF anzuwenden, wie es dem Unbewussten entspricht: spielerisch und leicht. Deshalb empfiehlt es sich, mit dem Einfachen und Leichten zu beginnen. Suchen Sie sich für den Start ein aktuelles Thema aus. Schauen Sie, worüber Sie sich in den letzten Tagen geärgert haben, und wenden Sie BSFF darauf an. Heben Sie sich die alten Themen für später auf, wenn Sie sich mit BSFF schon sicher fühlen und Erfahrungen mit der Anwendung gesammelt haben. Geben Sie sich und Ihrem Unbewussten Zeit, einen Schritt nach dem anderen zu tun.

◆ Atem und Atemkontrolle

Wenn Sie BSFF anwenden, erlauben Sie Ihrem Atem, frei zu fließen. Wir sind gewohnt, unsere Gefühle zu kontrollieren und zu unterdrücken, vor allem, wenn sie für uns unangenehm sind, und das tun wir, indem wir unbewusst unseren Atem anhalten. Lassen Sie Ihren Atem fließen. Atmen Sie immer mal wieder tief ein und aus, wenn Sie BSFF anwenden.

Viele Menschen stellen fest, dass sie seufzen, tief atmen oder gähnen, wenn sie BSFF anwenden. Solche spontanen Reaktionen sind gut und sollten nicht unterdrückt werden.

Es sind Reaktionen des autonomen Nervensystems, die zeigen, dass sich etwas tut. Die positiven Veränderungen in Ihrem Unbewussten haben Veränderungen auf körperlicher Ebene zur Folge, denn Nervensystem und Gehirn lösen alte Verknüpfungen auf und legen neue an. Spannungen werden abgebaut.

◆ **Ziele vorgeben**

Formulieren Sie Ziele für sich. Werden sie sich klar darüber, was Sie wirklich erreichen wollen. Und teilen Sie das Ihrem Unbewussten mit, indem Sie sich das Ziel möglichst plastisch und vor allem bildhaft vorstellen. Danken Sie daran, Ihr Unbewusstes ›spricht‹ in Bildern. Verbinden Sie Ihre Bilder mit dem Satz: »*Das* will ich! ✉«

◆ **Arbeitstempo**

Geben Sie sich Zeit. Übereifer führt selten zum Ziel. Sie werden erleben, dass sich manche Probleme augenblicklich auflösen, andere hingegen haben tiefere Ursachen und viele Wurzeln, was etwas mehr Geduld und auch Hartnäckigkeit erfordert. Manches ist hartnäckig, seien Sie es auch. Sprechen Sie solche Dauerbrenner immer wieder an, zum Beispiel einmal pro Woche. Seelische Bewegungen sind langsam und benötigen ihre eigene Zeit. Wenn Sie Druck machen, verweigert Ihr Unbewusstes möglicherweise seine Mitarbeit. Wenn es nicht einfach und leicht geht, sind Sie nicht im Kontakt. Wachsen dauert seine Zeit.

◆ **Ein guter Platz**

Gerade am Anfang ist es hilfreich, sich einen guten Platz zu suchen, wo Sie Ihre Ruhe haben und möglichst ungestört sind. Wählen Sie sich einen Platz, an dem Sie sich besonders wohl fühlen und schaffen sich einen solchen Ort. Das kann zuhause sein, aber auch in der Natur, im Wald, bei einem Baum.

Der gute Platz kann auch das Bett sein. Dann wenden Sie BSFF im Schutz und in der Wärme Ihres Bettes an und können danach direkt in den Schlaf gleiten. Das hat den Vorteil, dass der Verstand nicht nachträglich eingreifen und die Wirkung der Methode unterbrechen kann.

◆ **Eine gute Zeit**

Geben Sie Ihrem Wachstum mit BSFF auch einen guten und festen Platz in Ihrem Tagesablauf. Unser Unbewusstes liebt regelmäßige, ritualisierte Handlungen über alles. Vielleicht erlauben Sie sich, BSFF mit einer stillen Stunde zu kombinieren, die Sie vielleicht täglich oder wöchentlich als Auszeit für sich nehmen. Vielleicht zünden Sie sich dabei eine Kerze an oder wählen ein anderes Ritual, das Ihnen Bewusstheit, Ruhe und Sicherheit vermittelt. Das fördert Ihren Kontakt zu Ihrem Unbewussten und erleichtert Ihnen das Erreichen Ihrer Ziele.

◆ **Erlauben Sie sich, ruhig zu werden**

Wenn Sie innere Unruhe spüren, nehmen Sie sich Zeit einige Male tief zu atmen, und schließen die Augen, um in Kontakt mit sich zu kommen, mit Ihrem Unbewussten, mit Ihren unbewussten seelischen Bereichen. Horchen Sie in sich hinein und spüren Ihren Körper. Und wenn die Zeit gekommen ist, beginnen Sie mit BSFF.

Gehen Sie nicht auf die Jagd nach Symptomen. Bekämpfen Sie Ihre Probleme und Symptome nicht. Üben Sie sich in eine akzeptierende Haltung ein. Jedes »Ich bin dagegen«, »Ich will das aber weghaben« und ähnliches führt vom Wesentlichen fort. Ungeduld hat nur wenig Kraft und es kann sein, dass sich die Symptome nur verschieben. Wenn Sie innere Ungeduld und Widerstände spüren, dann wenden Sie BSFF zuerst darauf an.

Richten Sie Ihre Aufmerksamkeit auf die Gegend um Ihr Herz. Spüren Sie Ihr Herz. Es schlägt für Sie – ununterbrochen Tag und Nacht. Atmen Sie einige Male tief ein und aus, als ob Ihr Atem durch Ihr Herz fließt. Stellen Sie sich vor, wie Ihr Atem durch Ihr Herz strömt. Ein und aus.

Bleiben Sie im Kontakt mit Ihrem Herzen und lächeln Sie. Lächeln Sie sich selbst zu. Lächeln Sie den Themen oder Symptomen zu, mit denen Sie arbeiten möchten. Das Lächeln ist eine starke Kraft und macht Ihr Unbewusstes Ihnen zugewandt.

Nun beginnen Sie mit dem, was Sie mit BSFF beabsichtigen. Seien Sie sich bewusst, dass alles, was Ihnen früher an Schwerem und Belastendem widerfahren ist, nun vorbei ist. Sie haben es überlebt. Stimmen Sie dem zu, wie es war. Erlauben Sie, dass alles so sein darf, wie es gewesen ist.

▸ Widerstände

Wer sich entwickeln, wer wachsen, wer von Blockaden frei werden möchte, wird mit etwas konfrontiert, das man als innere Widerstände bezeichnet. Das sind Haltungen, Stimmen in unserem Kopf, Gefühle, Gedanken und daraus resultierende Handlungen, die durch Glaubenssätze gesteuert sind. Diese Widerstände hindern uns daran, das zu erreichen, was wir eigentlich wollen. Aber etwas in uns hält uns immer wieder davon ab, die entscheidenden Schritte zu tun, endlich ganz Ja zum Leben zu sagen?

Es ist doch so viel bequemer, sich auf die Couch zu legen und fernzusehen. So etwas ist typisch für innere Widerstände. Es handelt sich um Teile in uns, die sich vor Veränderung fürchten. Auch wenn es sich um eine Verbesserung unserer Lebenssituation, unseres Einkommens, unserer Gesundheit, unserer Beziehungen und mehr handeln könnte. Lieber das Gewohnte beibehalten, da weiß man, was man hat. Lieber leiden als lösen. Nur nichts Neues, nur nichts verändern, nur nichts wagen. Das sind Haltungen, die durch Widerstände hervorgerufen werden.

Widerstände sind auch am Werk, wenn wir immer wieder ›vergessen‹, etwas zu tun, was für uns gut ist. Zum Beispiel könnten wir vergessen, BSFF häufig genug anzuwenden. Oder wir legen den Fokus bei BSFF darauf, dass BSFF zu kompliziert ist oder zu verwirrend oder auf unsere Zweifel, dass BSFF gut für uns ist. Auch das ist eine Auswirkung innerer Widerstände.

Der Umgang mit Widerständen ist in die BSFF-Methode integriert. Jedes Mal, wenn wir BSFF für uns anwenden, werden damit auch Glaubenssätze gelöscht, die uns am Erreichen unserer Ziele hindern. Zusätzlich verstärkt wird das durch die Behandlung der Stopper, also der Glaubenssätze, die hinter unseren Widerständen stecken.

Zu den Widerständen gehören auch alle Unverzeihlichkeiten gegen uns selbst, gegen andere Menschen oder gegen das Leben, also alle Arten von Vorwürfen und jedes Nicht-verzeihen-Können von etwas, das wir uns selbst oder anderen Menschen angetan haben oder uns das Leben angetan hat. Das Aufgeben dieser Unverzeihlichkeiten hat eine stark befreiende Wirkung. Das wird später in diesem Kapitel noch erklärt.

Wenn Sie Widerstände bei sich entdecken, gehen Sie gelassen damit um. Der erste Schritt ist, sie überhaupt zu entdecken und sie zu identifizieren. Sagen Sie Ihren Widerständen nicht den Kampf an, sondern nehmen Sie sie als persönliche

Haltungen wahr, die Ihnen bisher vielleicht von Nutzen waren, durch die Sie lernen konnten und durch die Sie sich weiterentwickelt haben. Und dann legen Sie Ihren Fokus auf den Widerstand, den Sie identifiziert haben, vielleicht auf den Zweifel an der Wirksamkeit von BSFF oder auf die Angst vor Veränderung. Geben Sie die Erlaubnis, dass Ihr Unbewusstes BSFF für Sie darauf anwenden soll und denken oder sagen Sie Ihr Schlüsselwort.

Bei der Arbeit mit überwältigenden Gefühlen von Zorn, Vorwürfen, Wut, Unverzeihlichkeit oder Traurigkeit in Bezug auf andere Personen ist es hilfreich, sich vorzustellen, die Person, durch die wir verletzt wurden, die uns etwas angetan, uns vielleicht traumatisiert hat, sei anwesend. Es sollte in vollem Ernst geschehen, die Person innerlich da sein zu lassen, den Blick innerlich in ihre Augen zu richten und dann mit klarer, ruhiger Selbstverständlichkeit auszusprechen, was schon immer hätte ausgesprochen werden müssen. Schließen Sie die Augen dabei. Das Sprechen sollte am besten laut geschehen, weil es kraftvoller ist, als die folgenden Schritte nur in Gedanken zu vollziehen. Manchmal hat uns die andere Person auch etwas zu sagen, das heißt, wir wissen plötzlich, was sie uns antwortet.

Wenn es zum Beispiel um einen Elternteil geht, der uns nicht das geben konnte, was wir gebraucht hätten, könnten wir sagen:

» Du hast mir so gefehlt. Ich hab mich so nach Dir gesehnt.

Sagen Sie, wie es für Sie war, wie Sie es empfunden haben und was es mit Ihnen gemacht hat. Zum Beispiel:

» Mama, du hast damals...
» Papa, du hast mir...
» Das hat mit mir ... gemacht.
» Es war zu viel für mich.
» Das hättest du nicht tun dürfen. Dafür war ich noch zu klein.
» Heute geht es mir immer noch so. Heute fühle ich mich immer noch so.

Verändert sich etwas? Wie nehmen wir die andere Person wahr? Wie schaut sie uns an? Hat sie etwas zu sagen?

Nachdem ausgesprochen wurde, wie es war, fügen Sie das hinzu, was Sie sich damals gewünscht hätten, aber nicht bekommen haben oder nicht bekommen konnten. Sprechen Sie Ihre Wünsche aus:

» Ich hätte mir so sehr von dir gewünscht, dass du mich in den Arm genommen hättest.
» Ich hätte mir so sehr von dir gewünscht, dass du mehr Zeit für mich gehabt hättest.
» Ich hab mir gewünscht, dass ich deine Kraft hätte spüren können.
» Ich hätte mir so sehr von dir gewünscht, dass du mich gesehen hättest und ich für dich existiert hätte.
» Ich hätte dich so gebraucht. Du hast mir so gefehlt. Du fehlst mir noch immer.
» Ich hätte mir so sehr von dir gewünscht, dass ich deine Kraft / deine Liebe hätte spüren können.

Holen Sie nun die Zustimmung der anderen Person dafür ein, dass Sie sich trotzdem auf eine gute Weise verändern dürfen und eine Lösung finden.

» Bitte schau freundlich, wenn es mir besser geht als dir.
» Bitte schau freundlich, wenn ich es anders mache als du.
» Bitte schau freundlich, wenn ich jetzt gesund werde und bleibe.
» Bitte schau freundlich, wenn ich es mir jetzt gut gehen lasse.
» Wenn ich mich jetzt von dir entferne und mir diesen Abstand endlich erlaube, dann tue ich das für dich, damit gut weitergeht, was du begonnen hast.

Nachdem das Verdrängte ausgesprochen wurde, zeigen Sie der anderen Person Ihre Achtung und Anerkennung. Anerkennung bedeutet, dass Sie den anderen Menschen eingebunden sehen in seine Themen und in seinen persönlichen Weg, dass auch er unvollkommen ist und ein ganz gewöhnlicher Mensch, der Fehler und Schwächen hat und haben darf. Sie lassen ihn so sein, wie er ist, und nehmen ihn so an, stimmen ihm ganz zu. Hier folgen einige Beispiele für zustimmende Sätze zu den Eltern.

- » Ich gebe dir jetzt einen Platz in meinem Herzen.
- » Ich sehe dich. Ich liebe dich. Ich bin wie du.
- » Durch dich bin ich entstanden.
- » Ohne dich wäre ich nicht.
- » Du bist der einzig richtige Vater / die einzig richtige Mutter für mich. Und jetzt behalte ich dich.
- » Ich danke dir für das Gute, was ich von dir bekommen habe. Und jetzt mache ich was daraus, dir zur Ehre.
- » Bitte, segne mich.
- » Ich achte dich als meinen Vater / als meine Mutter und gebe dir die Ehre. Mit all deinen Stärken und all deinen Schwächen, so, wie auch ich ein Mensch bin mit Stärken und mit Schwächen.
- » Weil ich mich dir als Kind ohnehin verbunden fühle: Du bist der / die Große und ich bin der / die Kleine.
- » Indem ich mein Leben lebe / jetzt Erfolg im Leben habe / jetzt endlich gesund werde, tue ich es für dich – mit Liebe. Dabei bist du groß, und ich bleibe immer dein Kind.
- » Jetzt lasse ich dein Schicksal bei dir – mit Liebe und in Achtung.
- » Jetzt respektiere ich deine Entscheidung – mit Liebe. Es ist dein Leben.
- » Das, was ich für dich getragen habe, das kann ich nicht tragen, dafür bin ich zu klein. Darum lasse ich es jetzt ganz bei dir.

Zu Eltern oder Personen in der eigenen Ursprungsfamilie, die ein schweres Schicksal hatten, zum Beispiel weil sie früh gestorben sind oder behindert waren oder aus der Familie ausgeschlossen wurden, Selbstmord begingen und anderes, sagt man zum Beispiel:

- » Jetzt sehe ich dich. Ich liebe dich. Ich gebe dir jetzt einen Platz in meinem Herzen und in meiner Seele.
- » Ich achte dein Schicksal und verneige mich davor. Und das, was ich versucht habe, für dich zu tragen, das lasse ich jetzt ganz bei dir. Mit Liebe.
- » Du bist du, und ich bin ich. Du hast dein Leben und dein Schicksal, und ich habe mein Leben und mein Schicksal. Und ich achte das.

Wenn Symptome, Themen, Probleme von den Eltern übernommen wurden und unbewusst wiederholt werden:

- » Ab jetzt ehre ich dich auf eine andere Weise.

Halten Sie immer wieder inne und nehmen wahr, wie die Person reagiert, zu der die Sätze gesprochen werden. Hören Sie, ob und was sie sagt. So kann Versöhnung auf einer tiefen seelischen Ebene stattfinden und heilende, seelische Kraft zu fließen beginnen, die zuvor blockiert war. Runden Sie ab mit:

- » Unbewusstes, behandle jetzt die Stopper. ✉

▶ Zweifel

Achten Sie darauf, ob Sie Zweifel an BSFF haben, generelle Zweifel an der Methode an sich, Zweifel an der Dauerhaftigkeit der Wirkung oder an Ihrer Fähigkeit, BSFF gut anzuwenden und so weiter. Schauen Sie nach Zweifeln, Bedenken und so weiter und behandeln diese, bis eine tiefe Überzeugung vom Erfolg der Behandlung bei Ihnen verankert ist.

Wenn Sie an Ihren Zweifeln arbeiten, ist es nützlich und unterstützend, sich den Behandlungserfolg bildlich vorzustellen. Malen Sie sich den gewünschten Erfolg aus. Fühlen Sie sich ein, wie es ist, wenn Sie das Ziel erreicht haben. So übermitteln Sie an das Unbewusste, was Sie erreichen wollen. Verbinden Sie das mit dem Auftrag: »Das ist das Ziel.« Und dann lassen Sie den Gedanken sofort los.

Das ist wesentlich. Die fortgesetzte gedankliche Beschäftigung mit dem Ziel und das Warten, wann es denn endlich soweit ist, führt vom Ziel weg. Geben Sie Ihrem Unbewussten möglichst bildhaft und intensiv den Auftrag und dann denken

Sie nicht mehr daran, damit das Unbewusste von Ihren Gedanken ungestört am Erreichen des Zieles arbeiten kann.

Ein anderes Wort für Zweifel ist Skepsis oder Unglaube. Wenn Skepsis aufkommt oder wenn Sie sich mit dem Problem (Armut, Krankheit etc.) oder einer betroffenen Person so verbunden fühlen, dass Sie einen Wiederstand gegen die Veränderung aufbauen, können Sie das mit BSFF thematisieren und behandeln, bis ein ruhiges oder ein mit freudiger Emotion geladenes Bild der erwünschten, ersehnten Zukunft entsteht.

Das Ziel ist, mit Hilfe von BSFF die Zuversicht zu entwickeln und zu stärken, dass Sie die angestrebten Veränderungen erreichen und erhalten können. Dazu gehört, dass Sie die Veränderungen, die Sie anstreben, wirklich wollen und auch mögen.

▶ Unverzeihlichkeit

Situationen, die für uns zu groß, zu schockierend, also traumatisch sind, überfordern unsere Fähigkeit zur Verarbeitung der begleitenden Gefühle von Angst, Panik, Traurigkeit, Verzweiflung, Todesangst und so weiter. Die Wunde wächst irgendwann irgendwie zu, doch eine Narbe bleibt zurück und die heißt Nicht-verzeihen-Können.

Solche Ereignisse führen dazu, dass die seelische Bewegung einfriert. Es geht nicht mehr voran, weil wir an unserem Vorwurf gegen die Person, den ›Täter‹ hängen bleiben. Manchmal richtet sich unser Vorwurf, unser Nicht-Verzeihen-Können aber auch gegen uns selbst, wenn wir selbst Täter waren und aus unserem Handeln Schlimmes oder Schmerzliches entstanden ist, oder wenn wir die Schuld des Täters zu unserer eigenen machen. Unser innerer, seelischer Blick ist dann auf die Vergangenheit fokussiert und wir sind nicht frei für den Blick nach vorne, in unsere Zukunft. Eine solche Haltung kann bewirken, dass Probleme, die schon gut gelöst schienen, immer wieder zurückkommen.

Wie auch immer die Hintergründe und Zusammenhänge sind, die dazu führen, dass wir ein Ereignis in der Vergangenheit nicht verzeihen können, diese Unverzeihlichkeit bindet unsere seelische Kraft und ist ein Widerstand, den wir mit BSFF behandeln müssen.

Es ist ganz wichtig, dass wir unseren inneren Frieden wiederfinden und von der Vergangenheit frei werden. Dazu muss das Alte, Schmerzhafte wirklich verarbeitet und integrieret werden, damit wir das Ganze in den Blick nehmen können und die Liebe, die uns mit Kraft erfüllt, wieder fließen kann. Wenn wir an die Person oder die Personen denken, die wir für das verantwortlich machen, was mit uns geschehen ist, die wir vielleicht hassen, verkrampft sich unser Inneres. Dieser Widerstand blockiert unsere Energie. Deshalb ist es notwendig und zu unserem besten, mit allen, denen wir etwas nicht verzeihen zu können glauben, unseren Frieden zu machen.

Die wirklich befreiende Intervention besteht darin, allem zuzustimmen, wie es geschehen ist, ganz genau so, wie es war, und es als eine wesentliche Erfahrung anzunehmen, eine Erfahrung, die zu uns gehört, ob wir es wollen oder nicht. Was geschehen ist, lässt sich nicht ändern, aber wir können daran wachsen, wenn wir die Erfahrung für uns nutzen. Solange wir dagegen ankämpfen, im Widerstand sind, anklagen, Schuldige suchen, an Rache denken, erzeugen wir in uns ein energetisches ›Gift‹, das uns selbst am meisten schadet.

Wenn wir uns dem Wesentlichen öffnen und unseren ganzen Schmerz, unsere Wut, unsere Angst, unsere Vorwürfe, unsere Anklage mit BSFF transformieren lassen, nähern wir uns der anderen Seite der vergangenen traumatischen Erlebnisse und erfahren, dass unsere Seele dadurch etwas Wichtiges gelernt hat. Dann können wir vielleicht wahrnehmen, welche Stärken wir durch das Erlebte entwickelt haben oder entwickeln mussten, damit das Leben für uns weitergehen konnte. So verändert sich unser Blick und wir sind mehr und mehr in der Lage, auch das Andere zu sehen, was auch da war. Manchmal wird es dann möglich, eine Ahnung davon zu bekommen, welche Bedeutung die vergangene Situation für unsere Seele wirklich gehabt hat, welche Stärke, welche Besonderheit, welche Begabung wir vielleicht dadurch erhalten haben. Dann fällt das Schlimme von uns ab, wir kommen in Frieden mit dem, was war und erleben einen Zufluss an Kraft.

Jede Nuance von Vorwurf oder Gedanke, dass es nicht richtig war, wie es war, dass es hätte anders gewesen sein sollen, hält uns fest und erzeugt unaufhörlich neue Blockaden in uns, auf energetischer, emotionaler, gedanklicher und körperlicher Ebene. Deshalb gehört die Einbeziehung aller Formen von Unverzeihlichkeit, Vorwurf und Widerstand als wesentlicher Bestandteil zur Arbeit mit BSFF hinzu.

Unverzeihlichkeit kann sich zeigen als Widerstand gegen

- eine oder mehrere Personen als Verursacher von Trauma oder Schmerz
- die eigene Kernfamilie oder einzelne Personen darin
- eine Situation
- die Umstände der Situation
- das, was zur Situation hingeführt hat
- die eigene Person beziehungsweise gegen bestimmte eigene Unzulänglichkeiten
- etwas, was man selbst getan oder unterlassen hat
- das Leben
- das eigene Schicksal
- die Welt, wie sie ist
- Gott oder Spiritualität

Wir haben uns vor der Person oder Situation verschlossen, weil sie gefährlich, zu schmerzhaft oder überfordernd für uns war, weil wir uns schützen mussten, vielleicht sogar unser Leben bedroht war. Später sind wir dann innerlich blockiert, weil unser Unbewusstes versucht, uns vor einer Wiederholung dieser Situation zu schützen. Dadurch bleiben wir aber mehr oder weniger unbewusst in den Bildern der früheren Situation gefangen und bauen gegen das, was passiert ist, und die beteiligten Personen innere Widerstände auf.

BSFF unterstützt uns dabei, wirklich in Frieden zu kommen, ohne dass wir die Situation erneut durchleben und alle Gefühle noch einmal erleiden müssen. Mit BSFF geschieht dieser Prozesse ganz sanft. Er läuft mehr im Hintergrund ab, so dass wir geschützt bleiben.

Unverzeihlichkeiten wirken im Seelisch-Unbewussten wie ein geistiges Gift, was sich darin äußert, dass die Lebensumstände ganz allmählich immer belastender werden und die immer gleichen Probleme wieder und wieder zurückkehren. Es will uns einfach nicht gelingen, gute Lösungen für die Probleme zu finden. Solange wir nicht in eine tiefe Form von Zustimmung zu uns selbst und unserer Vergangenheit kommen, werden sich Probleme trotz aller noch so ausgefeilten Techniken und Methoden immer wieder zeigen. Vielleicht kommen sie in abgewandelter Form, zeigen andere Symptome oder sind von anderen Lebensumständen begleitet, doch sie kommen wieder, weil sie erlöst werden wollen. Selbst wenn Gefühle von Wut, Verurteilung, Kritik, Hass oder Rache gar nicht bewusst wahrgenommen werden, vergiften sie unser emotionales, seelisches und spirituelles Leben, beieinträchtigen vielleicht sogar unsere Gesundheit.

Die negativen Gefühle und eine unverzeihliche Haltung verhindern nicht nur eine versöhnende Kommunikation mit dem Verursacher, die Angst vor Wiederholung führt zur Projektion auf andere Menschen und belastet so unsere Beziehungen ganz allgemein. Durch diese eingeschränkte Wahrnehmung ziehen wir jedoch Menschen und Situationen in unser Leben, die dann unsere negativen Erwartungen auf gleiche oder ähnliche Weise erfüllen.

Wenn wir in Umstände geraten, die den alten Schmerz unserer Verletzungen wieder aufleben lassen, reagieren wir nur noch und werden in unserem Fühlen, Denken, Handeln durch unser Unbewusstes gesteuert. Dadurch wird nicht nur unsere Kraft und unsere persönliche Freiheit deutlich eingeschränkt, wir verhindern auch, dass wir jemals die dahinter liegende Wahrheit erfahren und daraus lernen und daran wachsen können.

Unsere Fähigkeit, gesunde und befriedigendere Beziehungen einzugehen, ist beschränkt. Und es besteht die Gefahr, dass wir aufgrund unseres inneren Grolls gehässig, nachtragend und bitter werden. Aber auf einer sehr tiefen seelischen Ebene missachten, misstrauen und entwürdigen wir durch diese innere Haltung vor allem uns selbst. Unser Geist und unsere Seele ziehen sich immer mehr in sich und zurück. Unverzeihlichkeit ist ein von vornherein verlorener Kampf.

▶ Zustimmung

Trauma oder traumatisches Erleben sind für die betroffene Person etwas ganz Schlimmes. Das ist keine Frage. Damit gute Lösungen möglich werden, bringt es aber nichts, an der Erinnerung und am Schmerz haften zu bleiben. Für die Verarbeitung des Geschehenen ist es notwendig, den Blick zu heben und über die Beurteilung der Situation und die Verurteilung der Verursacher hinauszublicken.

Der wesentliche Schritt ist Zustimmung. Das bedeutet nicht, das Geschehene als gut zu werten. Zustimmung meint das innere Ja zu dem, was geschehen ist, die Anerkennung, dass es ein Teil der eigenen Geschichte geworden ist. Wenn diese Zustimmung mit BSFF auf gute Weise eingeleitet wird, aktiviert das eine wesentliche transformierende Kraft, die uns wachsen lässt und vom Vergangenen frei macht. Diese Kraft bewirkt eine innere Versöhnung, die Aussöhnung mit den beteiligten Personen, mit der Situation, wie sie war, und mit uns selbst, mit unserem Lebensweg.

Ich spreche bewusst nicht von Verzeihen, weil damit eher eine moralische Wertung verbunden ist, nicht immer frei von der Versuchung, sich über die Person, der vergeben wird, zu erheben. Das verhindert aber den Frieden mit der Vergangenheit.

Zustimmung zu allem, wie es war, ist einfach ein Ja. Ja, so war es. Ja, was geschehen ist, ist ein Teil von mir, von meinem Leben, von meiner ganz persönlichen Geschichte. Ja, ich nehme auch dieses Ereignis als einen zu mir gehörigen Teil an.

Solche Zustimmung bedeutet einen großen Schritt voran in der persönlichen Entwicklung und ist entsprechend herausfordernd. Alle Gedanken und Gefühle mit BSFF anzuschauen, unterstützt uns bei diesem Schritt. Die Zustimmung wird dann eher auch auf eine tiefere Weise möglich, so dass wir die alten Situationen nicht mehr immer wieder durchleben müssen, nicht in realen Lebenssituationen, nicht einmal mehr in unseren Gedanken. So kommen wir in Frieden.

Wenn der Friede mit dem, was früher geschah, gelingt, werden wir allmählich von den negativen, schmerzhaften und belastenden Gefühlen frei, die es unmöglich gemacht haben, zu vergessen, zuzustimmen und zu verstehen. Durch diese befreite Sicht können wir dann vielleicht auch erkennen, welche

Bedeutung das ursprüngliche Ereignis für die Entwicklung unserer eigene Seele hat und können davon profitieren.

Wenn Sie ein schweres Trauma erlitten haben und unter dessen Folgen leiden, zum Beispiel in Form einer posttraumatischen Belastungsstörung, sollten Sie sich natürlich Unterstützung bei entsprechend ausgebildeten Fachleuten holen. BSFF ersetzt eine fachliche Begleitung nicht.

Oft haben wir aber auch Widerstände und Unverzeihlichkeiten ›leichterer‹ Art, die nicht mit einem schweren Schicksal verbunden sind. Damit sind zum Beispiel belastende Erlebnisse mit Eltern, Geschwistern, Freunden, Lehrern, Arbeitskollegen und anderen Menschen des persönlichen Lebensumfeldes gemeint.

Fragen Sie sich: »Habe ich solche Unverzeihlichkeiten?« Man kann mit dieser Frage einiges entdecken, wenn man ihr ernsthaft nachgeht. Gönnen Sie sich die Muße, längst vergessene Unverzeihlichkeiten zu spüren, um sie mit BSFF zu erlösen und ihre Ursachen in Ihr Leben zu integrieren. BSFF unterstützt uns dabei, unseren emotionalen Frieden zu gewinnen und ermöglicht dadurch auf eine sanfte und liebevolle Weise Erkenntnisprozesse.

BSFF ermöglicht uns eine neue Form von innerem Wachstum, hin zu einem allmählichen Erkennen von dem, was tatsächlich geschah, die Wahrnehmung der ganzen Wirklichkeit. Dann gelingt es uns, etwas Neues aus dem Geschehenen zu lernen, so ungeheuerlich und entsetzlich das ursprüngliche Ereignis für uns zunächst auch war. So werden wir allmählich frei davon und damit wird auch die Personen, auf die wir mit Vorwurf und Unverzeihlichkeit geschaut haben, frei von uns. Dann kann es für alle gut weitergehen.

Wir lernen zuzustimmen, dass das Geschehene nicht rückgängig zu machen ist. Es ist geschehen. Unabänderlich. Aber es ist auch vorbei. Und wir haben überlebt. Wenn wir damit auf einer tieferen Ebene in Frieden kommen können, wird sich die Situation zukünftig nicht mehr wiederholen müssen.

BSFF arbeitet so mit allen Ereignissen und Personen, dass alles gewesen sein darf, wie es war. Unser Unbewusstes strebt nach Einklang, Versöhnung und Frieden. Es bezieht alles und alle mit ein, wie es war und ist. Das ist eine Grundbewegung in unserer Seele. Alles darf so gewesen sein, wie es war. Alles und alle haben ihren Platz. Damit eine Bewegung hin zu Versöhnung mit der Vergangenheit erfolgen kann und darf, bedarf es unserer Mitarbeit in dem Sinne, dass wir beispielsweise die Bereitschaft entwickeln, uns unserer seelischen Wirklichkeit zu stellen und hinzuschauen, nicht nur auf das Schlimme, Traumatische, Belastende, sondern auf das Ganze, wie es wirklich war. BSFF unterstützt uns dabei. So entsteht Friede und wir kommen in Kontakt mit einer Liebe, die alles Versöhnt und uns tief berührt. Dann können wir auch das Gute für uns und unser Leben nehmen, das hinter allem wirkte und noch immer wirkt. So werden wir frei von dem, was in der Vergangenheit geschehen ist und können nach vorne schauen, in unser Leben und in unsere Zukunft.

▶ Praktischer Zugang

In der Instruktion für das Unbewusste ist bereits die Anweisung enthalten, bei jeder Ausführung von BSFF auch alle möglicherweise existierenden Widerstände und Unverzeihlichkeiten mit zu transformieren und aufzulösen. Dennoch kann es manchmal erforderlich sein, diesen Prozess bewusst durchzuführen und noch einmal alles in den Blick zu nehmen, zum Beispiel die Personen, gegen die Vorwürfe, Unverzeihlichkeit, Wut, Zorn, Hass oder ein großer Schmerz besteht. Das ist zum Beispiel dann erforderlich, wenn die tiefe Wirkung von BSFF einmal ausbleibt oder sich der dauerhafte Erfolg nicht einstellen will, weil die Probleme wieder zurückkommen. Dahinter steckt meist, dass eine Situation oder unsere Beziehung zu bestimmten Personen in den Blick genommen werden will, zu der wir Unverzeihlichkeiten und Widerstände in uns haben.

Es folgt eine Reihe von Beispielen, die Sie je nach aktueller Situation anwenden und anpassen können. Diese Schritte runden die Arbeit mit BSFF ab, wenn es Personen und Situationen in Ihrem Leben gab, die Sie verletzt haben. Alle diese Schritte sind eher am Ende der Arbeit mit BSFF empfehlenswert, wenn sich bereits die intensiven Energien, Gefühle und Gedanken gelöst haben und die Situation oder Person schon mit mehr Distanz betrachtet werden kann.

» Unbewusstes, behandle meine Unverzeihlichkeit gegenüber *[Name/n der Person/en, die traumatisiert haben, die Schmerz zugefügt haben, die verletzt haben]*. ✉

- » Unbewusstes, behandle meinen Widerstand gegen das, was geschehen ist und gegen *[Name der involvierten Person oder der Personen]*. ✉
- » Unbewusstes, behandle alle meine Unverzeihlichkeiten und all meine Widerstände gegen *[Situation, Person, Personen]* auf allen Ebenen und bis in den innersten Kern. ✉
- » Unbewusstes, behandle all meine restlichen und verbleibenden Unverzeihlichkeiten und Widerstände gegen *[Person, Personen, Situationen etc.]*. ✉
- » Unbewusstes, behandle alles, was diese Unverzeihlichkeit und diese Widerstände mit mir in belastender, blockierender Weise gemacht haben. ✉
- » Unbewusstes, hilf mir dabei, mich mit *[Person, Personen oder Situation]* auszusöhnen und alles anzunehmen, wie es war, mich eingeschlossen. ✉

Falls es Ihnen noch nicht möglich ist, Versöhnung zuzulassen, sollten Sie auch dem zustimmen. Es ist kontraproduktiv, etwas erzwingen zu wollen:

- » Unbewusstes, unterstütze mich dabei, dieser Situation jetzt zuzustimmen, wie es mir möglich ist, so wie ich es eben kann. ✉
- » Unbewusstes, mache BSFF auf all meinen restlichen Ärger, Groll, meine restliche und verbleibende Wut und meinen verbleibenden Schmerz, auf all das, was noch da ist an emotionalen Wurzeln, Glaubenssätzen, Bildern und Symbolen. ✉
- » Unbewusstes, ich bin jetzt zur Versöhnung bereit. Wende BSFF auf alles an, was mich noch hindert und blockiert, die alten Erinnerungen und Bilder jetzt ganz gehen zu lassen. ✉

▶ Einzelne Problemfelder

In diesem Abschnitt sollen einige der häufig anzutreffenden Problemfelder näher betrachtet werden, um den Umgang mit BSFF deutlicher zu machen. Es handelt sich dabei um Beispiele. Einige der genannten Glaubenssätze mögen für Sie zutreffend sein, andere nicht. Schauen Sie, worin Sie sich wiederfinden, und passen Sie Ihre Arbeit mit BSFF Ihrer persönlichen Situation an, indem Sie sich auf die Suche nach Ihren eigenen inneren Bildern, Erinnerungen, Glaubenssätzen, Mustern und Annahmen machen und diese nach und nach identifizieren. Dabei sollen die nachfolgenden Beispiele helfen. BSFF ist auch eine vertiefte Form von Selbsterfahrung und eine tiefe Meditation über das Leben, wie es für uns ist. So lernen wir uns nach und nach besser kennen und werden im Umgang mit uns und unserem Leben gelassener.

▶ Identität und Selbstbewusstsein

Die Themen Selbstbild, Selbstvertrauen, Selbstwertgefühl und Selbstbewusstsein sind bei vielen Menschen mit einschränkenden Glaubenssätzen, Glaubenssystemen und unbewussten Bildern besetzt. Schwierigkeiten in diesen Bereichen spielen bei vielen Problemen und Themen eine direkte oder indirekte Rolle. Ein negatives Selbstbild, mangelndes Selbstvertrauen und geringes Selbstbewusstsein haben oft vielfältige, massive und weitverzweigte emotionale Wurzeln, die immer wieder aktiv werden können, solange nicht alle Aspekte gefunden und behandelt sind. Durch ihre aufrecht erhaltende Wirkung sind sie manchmal auch der Grund, dass bereits erfolgreich gelöste Probleme wieder zu uns zurückkehren.

Die Erfahrung zeigt, dass es hilfreich sein kann, sich mit dem eigenen Selbstbild auseinander zu setzen. Die Fragen und Anregungen im Kapitel »Fragen zur Selbsterfahrung« können Sie dabei unterstützen, das Bild, dass Sie von sich haben und das andere Menschen von Ihnen haben, aus anderen Perspektiven anzuschauen und dabei Neues über sich zu entdecken. Es bringt langfristigen Erfolg und sichert ihn, sich von Zeit zu Zeit mit diesen Fragen zu beschäftigen.

» Unbewusstes, mache BSFF auf alle Probleme, die ich in bezug auf mein Selbstbild, mein Selbstvertrauen und mein Selbstbewusstsein je hatte oder jetzt habe. ✉

» Unser Unbewusstes, wende BSFF auf alle einschränkenden, blockierenden Bilder, Gedanken, Haltungen und Gefühle an, die ich bezüglich meines Selbstbildes, meines Selbstvertrauens und meines Selbstbewusstseins je hatte oder jetzt habe oder je von anderen Personen übernommen habe. ✉

Wenden Sie nun BSFF auf alles an, was Ihnen einfällt, auffällt oder in den Sinn kommt. Das bezieht sowohl den körperlichen Bereich ein, wie auch Gefühle, Gedanken, Erinnerungen und inneren Bilder, die sich jetzt zeigen. Denken Sie einfach bei allem, was sich zeigt, Ihr Schlüsselwort. Bei intensiven Gefühlen oder wenn Sie an Erinnerungen verdrängter Situationen kommen, denken Sie Ihr Schlüsselwort mehrmals, bis Sie spüren, dass Entlastung, Beruhigung, Ruhe eintritt.

Runden Sie Ihre Arbeit mit der folgenden Anweisung ab:

» Behandle jetzt die Stopper! ✉

▶ Körperliche Themen und Probleme

Wenn sich körperliche Symptome zeigen, kann es sein, dass Glaubenssätze aktiv sind, die eine Verbesserung oder Heilung verhindern. Bei allen Problemen, die eine gewisse Dauer und Intensität übersteigen, sollte auch hier ärztliche Unterstützung in Anspruch genommen werden.

In den folgenden Beispielsätzen fügen Sie an die Stelle, wo eine eckige Klammer steht, eine möglichst genaue Beschreibung des jeweiligen Problems ein. Stellen Sie sich dabei vor, wie Ihr Unbewusstes bis auf die Zellebene hinein wirksam ist, und visualisieren Sie ein Bild davon, was Sie erreichen möchten, was sich in Ihrem Körper verändern soll, wo Ihr Ziel liegt. Stellen Sie sich vor, dass Sie gesund sind, sich wohl fühlen und was Sie dann tun werden. Damit informieren Sie Ihr Unbewusstes über Ihre Absicht und übermitteln einen Auftrag, an dem es dann arbeitet, zum Beispiel während Sie schlafen und auch dann, wenn Sie nicht daran denken, BSFF anzuwenden.

» Mein Körper möchte nicht komplett von *[Problem]* befreit sein. ✉

» Mein Körper möchte auf keinen Fall komplett von *[Problem]* befreit sein. ✉

» Mein Körper will dieses *[Problem]* behalten. ✉

» Mein Körper möchte komplett von *[Problem]* befreit sein. ✉

- » Mein Körper will komplett von *[Problem]* befreit sein.
- » Mein Körper will jetzt und auf immer komplett von *[Problem]* befreit sein.
- » Ich gestatte meinem Körper, *[...]*.
- » Es ist 100 Prozent in Ordnung für meinen Körper, *[...]*.
- » Mein Körper verdient es, *[...]*.
- » Mein Körper will alles dafür tun, damit ich jetzt und auf immer komplett von *[Problem]* befreit bin und auch bleibe.

Vertiefen Sie diese Anweisungen durch die folgenden Schritte. Hiermit lösen Sie eventuell noch vorhandene, bisher übersehene Glaubenssätze auf:

- » Es gibt noch ein oder mehrere Probleme, die verursachen, dass ich das vorliegende Problem... behalten will oder es irgendwann wieder annehmen werde.

Da sich hinter diesem Satz oft eine ganze Reihe von Problemen und unbewussten Themen verbergen, wiederholen Sie den folgenden Auftrag mindestens zehn Mal hintereinander oder so lange, bis Sie bemerken, dass keine Veränderung, kein Fließen oder Strömen mehr stattfindet:

- » Unbewusstes, behandle alle!
- » Es gibt noch irgendetwas in mir, wodurch ich *[Problem]* behalten will oder es irgendwann wieder annehmen werde.

Auch den nächsten Auftrag sollten Sie mindestens zehn Mal hintereinander denken oder sprechen:

- » Unbewusstes, behandle alles!
- » Ich bin immer noch anfällig und empfänglich, *[Problem]* irgendwann wieder anzunehmen.
- » Unbewusstes, lass alle Bilder, Glaubenssätze und inneren Haltungen gehen, die mich *[Problem]* behalten lassen.

Abschließend runden Sie Ihre Arbeit ab durch:

- » Unbewusstes, behandle jetzt die Stopper.

Unterstützend bei der Behandlung körperlicher Probleme ist es, alle das Problem begünstigenden emotionalen und geistigen Aspekte zu entdecken und anzusprechen. Auch die Frage, wie lange das Problem schon besteht, was im Leben geschah, bevor es begann, welche Veränderungen es zum Beispiel gab, in deren Folge sich das Problem entwickelte, kann wichtig sein und einen neuen Blick ermöglichen. Zum Beispiel: Wie lange besteht das Problem schon bei Ihnen? Was hat sich in Ihrem Leben verändert, bevor das Problem auftrat? Gibt es unverarbeitete Situationen, zum Beispiel Trennung, Verlust von wichtigen Personen, Unfälle, einschneidende Ereignisse?

Was immer Ihnen einfällt, auch wenn es unlogisch scheint, wenden Sie BSFF solange darauf an, bis Sie eine Entlastung, Entspannung, ein Aufatmen oder Ähnliches wahrnehmen.

Mit folgenden Glaubenssätzen können Sie sich bei seelischen oder körperlichen Erkrankungen selbst unterstützen.

» Ich kann geheilt werden. ✉
» Ich bin willig, ganz gesund zu sein. ✉
» Ich bin bereit, jetzt ganz gesund zu werden. ✉
» Ich bin fähig, jetzt ganz gesund zu werden. ✉
» Ich habe einen Nutzen davon, wenn ich gesund bin. ✉
» Mein *[Organ, Seele]* ist fähig, wieder ganz gesund zu werden. ✉
» Auch wenn ich *[Erkrankung]* hatte, ist mein *[Organ]* fähig, wieder ganz gesund zu sein / zu werden. ✉
» Ich bin willig / bereit / fähig, jetzt ganz gesund zu werden. ✉
» Ich darf ganz gesund sein. ✉
» Ich bin es wert, ganz gesund zu sein. ✉
» Es ist mir erlaubt, ganz gesund zu sein / zu werden. ✉
» Das Feld dieser Erkrankung lasse ich jetzt hinter mir. ✉
» Obwohl ich sehr krank war, darf ich wieder ganz gesund werden. ✉
» Obwohl ich sehr krank war, gebe ich meinem Körper die

Erlaubnis, wieder ganz gesund zu werden.

» Auch wenn ich es noch nicht wirklich glauben kann, bin ich willig / bereit / fähig, jetzt ganz gesund zu werden.

» Auch wenn ich nicht ganz glaube, dass diese Behandlung wirken kann, bin ich bereit, jetzt ganz gesund zu werden.

» Auch wenn ich heimlich glaube, dass die Behandlung, wenn überhaupt, nur kurzfristig wirken kann, erlaube ich mir, jetzt trotzdem bleibend gesund zu werden.

» Auch wenn mein Verstand immer noch ein bisschen zweifelt, lasse ich mich jetzt ganz gesund werden.

» Den Rest, der in mir immer noch zweifelt, lasse ich jetzt endlich los.

» Nur wenn ich meine Behandlung mit meinem Verstand ganz verstehen kann, erlaub ich mir, gesund zu werden.

» Auch wenn ich die Behandlung nicht ganz verstehe, erlaube ich mir, jetzt ganz gesund zu werden.

» Nur wenn ich meine Erkrankung ganz verstehe, darf ich ganz gesund werden.

» Auch wenn mein Mann / Frau / Tochter / *[Person]* nicht daran glaubt, dass ich wieder ganz gesund werde, bin ich willig, bereit und fähig, jetzt ganz gesund zu werden.

» Auch wenn andere *[Behandler: Arzt, Zahnarzt etc.]* nicht wirklich daran glauben, dass ich wieder ganz gesund werde, bin ich willig, bereit und fähig, ganz gesund zu werden.

» Auch wenn meine Erkrankung in der Medizin als nicht heilbar gilt, bin ich willig, bereit und fähig, ganz gesund zu werden.

» Auch wenn ich glaube, dass Leute, die mich behandelt haben, nicht daran glauben, dass ich wieder ganz gesund werde, werde ich jetzt erst recht gesund.

» Ich lasse all mein Nicht-vergeben-Können jetzt los.

» Ich lasse mein Nicht-vergeben-Können gegenüber *[Person]* los.

- » Ich lasse mein Nicht-vergeben-Können gegenüber meinen früheren Behandlern los, die mir nicht geholfen haben.
- » Ich bleibe lieber krank, als dass ich mir selbst / meinem Vater, Mutter, Arzt, Gott etc. vergebe.
- » Ich erinnere mich genau, wie es sich anfühlt, gesund zu sein.
- » Mein Gehirn erinnert sich, wie es war, als ich noch ganz gesund war.
- » Ich gebe meinem Gehirn die Erlaubnis, meinen Körper ganz zu heilen.
- » Ich gebe meinem Unbewussten die Erlaubnis, die Behandler und Methoden zu finden, die mir am effektivsten bei der Heilung helfen.
- » Ich gebe der Behandlung die Erlaubnis, ohne unangenehme Nebenwirkungen zu meiner Gesundung beizutragen.
- » Mein Gehirn erinnert sich, wie es sich anfühlt, ganz gesund zu sein.
- » Mein Gehirn erinnert Gesundheit.
- » Mein Gehirn erinnert sich, wie es war, gesund zu sein.
- » Auch wenn ich noch nicht alle Probleme auf allen Ebenen gelöst habe, bin ich jetzt willig, fähig und bereit, wieder ganz gesund zu werden.
- » Nur wenn ich alle Probleme auf allen Ebenen perfekt gelöst habe, darf ich gesund werden.
- » Auch wenn ich Schlechtes getan habe / als Kind missbraucht wurde / einen genetischen Defekt habe / etc. bin ich willig / fähig / bereit, gesund zu werden / mich gut zu fühlen.
- » Ich stimme jetzt sofort meiner Heilung auf allen Ebenen zu.
- » Ich stimme meiner Gesundheit / Heilung jetzt sofort zu.
- » Ich lasse die Behandlung jetzt sofort wirken.
- » Unbewusstes, behandle jetzt meine Anfälligkeit / Empfänglichkeit für diese Erkrankung.

Die vorige Anweisung ist vor allem bei Infektionskrankheiten und Ansteckungsgefahr hilfreich.

Eine mögliche umfassende Anweisung ist:

» Löse jetzt vollständig und in einem Durchgang *[Problem]* und alle meine einschränkenden Bilder, Gedanken, Glaubenssätze, Einstellungen, Haltungen und Gefühle, die mich jemals *[Problem]* behalten ließen oder es wieder annehmen lassen.

▶ Beziehungsprobleme

Bei der Behandlung von Beziehungsproblemen tritt oft eine Mischung vielfältiger negativer Gedanken, Emotionen, Haltungen und Einschätzungen auf. Damit man diese erkennen, benennen und einzeln behandeln kann, finden Sie am Ende des Buchs eine Liste mit Gefühlen, die bei der Lösung hilfreich sein kann. Manchmal spielen bestimmte Gefühle eine Rolle, die identifiziert und benannt werden wollen, um das Unbewusste mit ihrer Auflösung zu betrauen.

Formulieren Sie mit den für Ihr Problem passenden Gefühlen Sätze wie:

» Ich fühle mich *[Gefühl]*.

» Ich bin voller *[Gefühl]*.

» Ich habe *[Gefühl]*.

» Ich habe Gefühle von *[Gefühl]*.

Sie können Ihr Unbewusstes auch in umfassender Weise mit der Lösung des Problems betrauen:

» Unser Unbewusstes, mache jetzt BSFF auf mein Gefühl von *[Gefühl]*.

Denken Sie bei Beziehungsproblemen auch an frühere Partnerschaften und an Ihre Eltern. Welche Verhaltensweisen wiederholen sich musterartig bei Ihnen? Was kennen Sie von Ihren Eltern? Wo fühlen oder verhalten Sie sich wie Ihre Mutter oder Ihr Vater? Wem ging es genauso wie Ihnen? Was haben Ihnen Ihre Eltern vorgelebt? Welche Muster, Gefühle und Einstellungen haben Sie bereits als Kind in Ihrer Ursprungsfamilie kennen gelernt? Können Sie diese Themen in die Herzen Ihrer Eltern zurückfließen lassen?

Folgende umfassende Anweisung können Sie für Ihre persönliche Situation anpassen:

» Unbewusstes, lass jetzt all die Glaubenssätze, Bilder und inneren Haltungen gehen, die ich aus meiner Familie übernommen habe und die mir meine Partnerschaft schwer machen, mich belasten und blockieren. Danke, dass Du dieses Problem für mich löst. ✉

▶ Übergewicht

In diesem Kapitel finden Sie eine Reihe von Beispielen für innere Haltungen und Glaubenssätze, die hinter Übergewicht stecken können. Sie müssen nun nicht alle diese abgedruckten Sätze bei sich behandeln. Die Liste enthält Glaubenssätze, deren Bearbeitung mit BSFF andere Menschen erfolgreich beim Abnehmen unterstützt hat. Schauen Sie zunächst einmal, bei welchen Sätzen und Haltungen Sie sich vielleicht wiederfinden. Nutzen Sie solche und ähnliche Sätze dann, um einen Zugang zu den unbewussten Themen zu finden, die Ihr Essverhalten steuern. Die aufgeführten einschränkenden Glaubenssätze werden in Ihrem Unbewussten gelöscht, indem Sie den jeweiligen Satz und dazu Ihr Schlüsselwort sprechen oder denken.

Bei den frei machenden, positiven Sätzen verhält es sich anders. Wenn Sie einen solchen Satz denken und dazu Ihr Schlüsselwort, werden die – möglicherweise vorhandenen – emotionalen Wurzeln und gegenteiligen Glaubenssätze eliminiert, die dem Verinnerlichen und Wirken des positiven Satzes entgegenstehen, denn BSFF löscht das Einschränkende und lässt das Positive unverändert. Dem freimachenden, positiven Glauben ist es dann möglich, hervorzutreten und zu wirken.

» Ich bin fett. ✉

» Ich will Übergewicht verlieren. ✉

» Ich habe beim Essen Angst, noch mehr zuzunehmen. ✉

» Ich habe Angst, in den Spiegel zu schauen. ✉

- Mein Übergewicht frustriert mich.
- Das, was ich am liebsten esse, macht dick.
- Ich schaffe es nie, mein Wunschgewicht zu erreichen.
- Ich schaffe es nie, weniger zu essen.
- Essen entspannt mich einfach.
- Essen ist ein Ersatz für Liebe.
- Essen ist für mich ein Ersatz für Sexualität.
- Mein Übergewicht schützt mich vor Verletzungen durch Männer.
- Weil meine Eltern hungern mussten, esse ich auf Vorrat.
- Ich bin wütend auf mich, dass ich die Willenskraft nicht habe, diszipliniert zu essen.
- Mein Wunschgewicht ist unerreichbar für mich.
- Ich lasse jetzt alle Blockaden los, die mich von meinem Wunschgewicht trennen.
- Ich vergebe mir selbst, dass ich es bis jetzt nicht geschafft habe, abzunehmen.
- Ich lasse alle meine Unverzeihlichkeiten gegenüber denen los, die dazu beigetragen haben, dass ich so dick bin.
- Ich weiß nicht, warum ich so viel esse.
- Ich habe keine Ahnung, warum ich mehr esse, als für mich gut und gesund ist.
- Ich glaube nicht, dass ich es schaffen kann, einen schlanken Körper zu haben.
- Das Essen ist mein treuer Freund. Es ist immer für mich da.
- Das Essen macht mir schöne Gefühle.
- Das Essen macht mir meine Gefühle von Angst / Druck / Schmerz... weg.
- Mir schmeckt es immer so gut.
- Ich habe keine Lust, mich zu bewegen.
- Abnehmen ist viel zu anstrengend.
- Bewegung ist gefährlich für mich.

- » Ich erinnere mich daran, wie es war, als ich noch Energie hatte und Freude an Bewegung.
- » Essen ist die einzige Möglichkeit für mich, mir etwas Gutes zu tun.
- » Essen ist die einzige Möglichkeit für mich, mir das zu nehmen, was ich will.
- » Ich fühle mich so oft hilflos.
- » Ich fühle mich innerlich leer.
- » Ich öffne mich der Vorstellung, dass die Energien, die mich verlassen haben, zu mir zurückkommen.
- » Ich erlaube mir jetzt, andere Wege zu finden, wie ich mir meine Liebe zeigen kann.
- » Wenn ich esse, fühle ich meinen Ärger / meine Ängste / meine Schuld... nicht.
- » Ich habe meine Figur geerbt. Da kann ich nichts dran ändern.
- » In meiner Familie haben alle Übergewicht.
- » Ich kann mich nicht verändern.
- » Ich verdiene es einfach nicht, einen schlanken und guten Körper zu haben.
- » Ich kann diesem Drang zu essen einfach nicht widerstehen.
- » Mir fehlt etwas oder jemand und ich ersetze es / ihn durch Essen.
- » Ich gebe dem, was mir fehlt, jetzt einen Platz in meinem Herzen und in meiner Seele. Mit Liebe.
- » Bei jedem Bissen, den ich esse, nehme ich das, was mir fehlt, in mein Herz und in meine Seele.
- » Das Essen hilft mir, die Gefühle in mir zu kontrollieren und unten zu halten.
- » Wenn ich esse, geht es mir gut, und hinterher fühle ich mich schuldig, weil ich wieder zu viel gegessen habe.
- » Irgendetwas stimmt nicht mit mir, weil ich nicht aufhören kann zu essen.

- » Ich möchte abnehmen, kann aber nicht aufhören zu essen.
- » Ich hasse mich selbst dafür, dass ich viel zu viel esse.
- » Ich schäme mich dafür, dass ich zu viel esse.
- » Ich fühle mich schuldig dafür, wenn ich mehr esse, als gut für mich ist.
- » Mein Gewicht beschützt mich.
- » Nur mein Gewicht beschützt mich vor der Welt und den anderen.
- » Ich fühle mich unsicher.
- » Wenn ich schlank wäre, könnten Männer / Frauen mich schön finden und ich würde in Versuchung kommen, eine Beziehung einzugehen.
- » Wenn ich abnehme, werde ich doch wieder zunehmen, warum also abnehmen?
- » Mein Gewicht sagt der Welt, dass ich mich nicht liebe.
- » Ich glaube, ich muss dick sein.
- » Ich bin nicht liebenswert.
- » Ich bin willenlos.
- » Ich kann den Willen nicht aufbringen, diszipliniert zu essen.
- » Ich bin schwach.
- » Egal, was ich versuche, ich nehme nicht ab.
- » Irgendetwas stimmt mit mir nicht.
- » Ich darf bewusst und langsam essen.
- » Essen darf mir Spaß machen.
- » Ich bekomme die Aufmerksamkeit von *[Person/en]*, indem ich Übergewicht habe.
- » Meine Mama freut sich, wenn ich meinen Teller leer esse.
- » Meine Mama hat Übergewicht und ich bin ihr loyal, wenn ich auch dick bin.
- » Ich muss so sein wie meine Mama.

- Wenn ich schlank wäre, würde mich keiner mehr bemerken.
- Wenn ich abnehmen würde, würden alle viel mehr von mir erwarten.
- Ich habe Angst davor, schlank und anders zu sein.
- Ich kann die Nähe von anderen Menschen nicht aushalten.
- Das Essen hilft mir, Stress abzubauen.
- Ich verdiene es nicht, dünn und schön und gut aussehend zu sein.
- Ich bin bereit, weniger zu essen.
- Ich bin ab jetzt bereit dazu, mich selbst lieben zu lernen und mich gut zu behandeln.
- Mir fehlt die Selbstkontrolle.
- Ich habe meine Selbstkontrolle verloren.
- Es ist in Ordnung für mich, Selbstkontrolle zu haben.
- Ich schaffe es jetzt, dieses Verlangen nach *[Speise]* vorbeigehen lassen.
- Nichts Schlimmes wird geschehen, wenn ich weniger esse.
- Ich bin fähig dazu, zwischen wirklichem Hunger und emotionalem Hunger zu unterscheiden.
- Ich öffne mich jetzt dafür, gesunde Kost zu essen.
- Ich öffne mich für die Vorstellung, dass es mir gelingt, überraschend einfache und leichte Wege zu entdecken, wie ich abnehmen und ein gutes Gewicht erreichen kann.
- Ich kann neue Wege entdecken, ein gutes Gewicht zu erreichen, mit dem ich mich wohlfühlen kann.

Umfassende Anweisungen:

- Ich behandle jetzt in einem Durchgang all meine Bedürfnisse, zu viel zu essen, und meinen Widerstand gegen das Abnehmen und alle gespeicherten Bilder, Gedanken, Glaubenssätze, Haltungen und Emotionen, die mich dazu veranlassen, zu viel zu essen.

- Ich behandle jetzt in einem Durchgang meine gesamte Sehnsucht nach Essen und alle meine verinnerlichten Bilder, Gedanken, Glaubenssätze, Haltungen und Emotionen die dazu führen, dass ich mein Essproblem behalten will oder es wieder annehmen werde.

Formulieren Sie positive Ziele und ankern Sie diese mit der Ankertechnik. Sie finden diese Methode im Anhang. Hier einige Beispielsätze:

- Ich schaffe es, mein Übergewicht loszulassen.
- Mir gelingt es, mein Idealgewicht zu erreichen und zu halten.
- Ich erreiche mein Idealgewicht.
- Ich lasse meine Pfunde jetzt los.

Einsamkeit

Am Beispiele Einsamkeit sehen Sie hier, wie Sie mit belastenden Gefühlen umgehen können.

- Ich bin einsam.
- Ich fühle mich einsam.
- Ich muss einsam sein.
- Ich bin von anderen Menschen getrennt.
- Ich bin machtlos und kann es nicht ändern.
- Ich will diese Einsamkeit nicht.
- Ich habe Angst, meine Einsamkeit zu fühlen.
- Ich will nicht, dass andere Menschen wissen, wie einsam ich mich fühle.
- Ich weiß nicht, wie ich mit anderen Menschen Kontakte knüpfen kann.
- Allein sein bedeutet Sicherheit für mich.
- Zusammen mit anderen Menschen bin ich unsicher.
- Einsamkeit symbolisiert etwas Wichtiges in meinem Leben.
- Ich weiß nicht, wer ich bin.

- Ich war und bin immer ganz allein. ✉
- Ich muss alles allein tun. ✉
- Andere Menschen mögen mich nicht. ✉
- Obwohl ich unter meiner Einsamkeit leide, brauche ich sie. ✉
- Ich kann meine Einsamkeit nicht annehmen. ✉
- Ich nehme diese Einsamkeit an und das, was mir fehlt. ✉
- Ich fühle mich unvollständig. ✉
- Ich bin nicht komplett. ✉
- Mir fehlt etwas. ✉
- Die anderen verstehen mich nicht. Besser bleibe ich allein. ✉
- Ich fühle mich so abgeschnitten von den Menschen / von Gott / der größeren Kraft / der Quelle. ✉
- Ich habe Angst, mehr über mich zu erfahren, weil es sein kann, dass ich nicht mag, was ich entdecke. ✉
- Ich habe Angst davor, wieder einen geliebten Menschen zu verlieren. ✉
- Lieber bleibe ich allein, als dass ich noch einmal diesen Schmerz ertrage. ✉
- Ich habe niemanden, der mich liebt oder mit dem ich mich verbunden fühle. ✉
- Seit meiner Scheidung bin ich allein. ✉
- Ich bin bereit, Kontakte zu anderen Menschen aufzubauen, damit ich mich nicht mehr so allein fühle. ✉

Umfassende Anweisung:

- Unser Unbewusstes, entferne jetzt all meine Gefühle von Einsamkeit und alle einschränkenden Bilder, Glaubenssätze, Haltungen, Emotionen und Gedanken, die meine Einsamkeit nähren und die dazu führen könnten, dass ich weiterhin einsam bin oder wieder einsam werde. ✉
- Unbewusstes, entferne jetzt alle meine Haltungen, Ängste und Gefühle, die mich hindern, neue Kontakte und Freund-

» Es ist in Ordnung für mich, meinen Platz in der Welt zu finden.

» Ich fühle mich tief betrübt.

» Ein Teil von mir ist zerbrochen.

» Mir fehlt seitdem das Wichtige, das ich zum Leben brauche.

» Ich bin einsam.

» Ich werde nie wieder ganz sein.

» Ich fühle mich getrennt und unvollständig.

» Ich vermisse *[Person]* so sehr.

» Ich sehne mich danach, noch einmal mit *[Person]* zu sprechen.

» Ich wünschte, ich hätte *[Person]* gesagt, wie sehr ich ihn / sie liebe.

» Ich kann nie wieder ganz und vollständig sein.

» Wenn ich meine Trauer hinter mir lasse, bedeutet das für mich, ich würde *[Person]* nicht lieben.

» Ich gebe mir selbst die Erlaubnis, meinen Kummer gehen zu lassen.

» Ich gebe mir selbst die Erlaubnis, mich an *[Person]* mit Freude zu erinnern.

» Es ist in Ordnung für mich, wieder zu lachen.

» Dieser leere Platz in meinem Herzen kann nie wieder gefüllt werden.

» Obwohl die Trennung nun schon so lange her ist, kann ich meinen Kummer nicht gehen lassen.

» Ich fühle mich schuldig und schäme mich, wenn ich den ganzen Schmerz jetzt hinter mir lasse.

» Ich bin bereit, den ganzen Schmerz jetzt gehen zu lassen, und erlaube mir, mein Leben vollständig zu umarmen.

» Ich habe Angst vor der Zukunft.

» Ich kann ab jetzt auch ohne *[Person]* stark sein.

- » Meinen Kummer gehen zu lassen heißt nicht, dass ich *[Person]* vergesse.
- » Ich kann einen guten Platz für *[Person]* in meinem Herzen bewahren.

Wenn es Unausgesprochenes gibt und Sie mit der Person nicht sprechen können, schreiben Sie Ihr einen Brief, in dem Sie alles sagen, was gesagt werden will und muss. Lassen Sie während des Schreibens bewusst Ihre schmerzhaften Erinnerungen und Gefühle los, indem Sie immer wieder Ihr Schlüsselwort denken. Haben Sie dabei die Intention, das Schwere, Schmerzhafte und die Bilder und Erinnerungen, die Sie noch immer belasten und traurig machen, ganz hinter sich zu lassen.

Umfassende Anweisung:

- » Ich löse jetzt, in einem Durchgang, all meine schmerzlichen Verlustgefühle und meinen Kummer und alle einschränkenden Bilder, Gedanken, Glaubenssätze, Haltungen und Emotionen, die mich diese Gefühle jemals behalten oder wieder annehmen lassen.

Wenn wir einen geliebten Menschen verlieren, ist es notwendig zu trauern. Allgemeingültige Anleitungen kann es dafür nicht geben. Allerdings zeigt sich, dass unsere Gesellschaft den Tod als die Grenze, die uns allen gesetzt ist, und einzige Gewissheit für jeden Menschen nicht anschauen will. Sogar das Altern versuchen wir zu verdrängen und gehen entsprechend damit um.

Trennung und Tod bringt uns in Kontakt mit unserer eigenen Endlichkeit. Sätze, welche die Wirklichkeit anerkennen, und mit Dank und Achtung der jeweiligen Person gegenüber gesprochen werden, könnten zum Beispiel sein:

- » Ich sehe Dich.
- » Ich danke Dir, dass Du da warst.
- » Ich danke Dir für alles.
- » Ich liebe Dich.
- » Ich schaue freundlich auf Dich.

- Ich habe Angst davor, kritisiert zu werden.
- Alles ist zu viel für mich.
- Ich schäme mich dafür, wie ich Dinge aufschiebe.
- Ich fühle mich schuldig, weil ich die Dinge nicht tue, die ich eigentlich tun muss.
- Ich bekomme keine Arbeit, weil ich mich nicht entschließen kann, etwas durchzuziehen.
- Es hat sowieso alles keinen Sinn.
- Ich werde niemals den Erfolg haben, von dem ich träume, weil ich so zögere.
- Ich werde mein Zögern nie überwinden.
- Ich werde nie die Entschlusskraft aufbringen, die nötig ist, um mein Zögern zu überwinden.

Umfassende Anweisung:

- Unbewusstes, mache jetzt BSFF auf alle meine Bedürfnisse und meine Neigung zu zögern und auf alle mich einschränkenden inneren Bilder, Glaubenssätze, Haltungen und Emotionen, die mich jemals dieses Zögern behalten oder es wieder annehmen lassen.

Vorschläge für die Ankertechnik:

- Ich bin mutig.
- Ich sage Ja zu meinem Leben.
- Ich kann.
- Ich bin stark und vertraue mir.

Finanzielle Themen

Geld, Fülle und Reichtum sind die physische Repräsentation einer höheren Energie. Geld wird durch eine Leistung erworben. Es ist ein Ausgleich für eine gute Leistung. Im Zusammenhang mit finanziellen Themen stehen häufig unbewusste Haltungen, die aus familiären Glaubenssystemen stammen, wie auch verinnerlichte Haltungen, die im Kapitel über Selbstverantwortung beschrieben sind. Gefühle spielen eine Rolle, Gedanken zum Thema Geld, unbewusste Glaubenssätze, innere

Haltungen und familiäre Bedingungen. Manchmal steht hinter Geldproblemen eine heimliche Verachtung des Materiellen, des Irdischen. Man glaubt oft, dass Geld nicht gut sei, schmutzig gar, schlecht, und es macht Schuldgefühle oder Angst, wenn man es hat. BSFF unterstützt dabei, diese Haltungen aufzugeben und Gefühle von Vertrauen und Dankbarkeit zu entwickeln.

Zunächst einige Fragen und Anregungen, die in Kontakt mit dem Hintergündigen bringen:

- Schauen Sie an, was ist, und nehmen die Realität an. Dazu gehört auch, Verdrängungen und Wunschvorstellungen beiseite zu lassen und vorbehaltlos die Wirklichkeit anzuerkennen. Wie viel verdiene ich im Monat? Warum ist es nicht mehr? Was müsste ich tun, um mehr zu haben? Was fehlt?
- Erledigen Sie Unerledigtes und vollenden das Unvollendete. Was muss ich zuerst noch erledigen, bevor es gut weitergehen kann? Wo hänge ich innerlich noch in der Vergangenheit? Wo hänge ich Träumen und Wunschvorstellungen nach?
- Entwickeln Sie Integrität und kommen mit sich in Einklang. Schauen Sie sich Ihre Situation an und stellen sich ihr, ohne etwas zu verstecken. Sagen Sie Ja zu dem, wie es im Moment ist. Was wäre ein realistisches Ziel? Welches ist der nächste Schritt?
- Visualisieren, verstärken, verankern und manifestieren. Dazu gehört es, die Armuts- und eventuell vorhandenen Schuldgefühle aufzudecken und mit BSFF auszuradieren, bis sie nicht mehr wahrgenommen werden können. Anschließend werden klare Ziele oder positive, frei machende Glaubenssätze mit der Ankertechnik eingegeben.

Einige wichtige Beispiele, welche die Hintergründe deutlich machen:

» Ich habe Angst, nicht genug Geld zu haben.

» Ich habe Angst vor der Zukunft.

» Ich weiß nicht, wie es weitergehen soll.

» Wenn ich Erfolg habe, werde ich abgelehnt.

- Ich kann mir nicht vorstellen, mehr Geld zu verdienen.
- Mein Erfolg nimmt anderen Menschen etwas weg.
- Ich habe Angst, anderen Menschen etwas wegzunehmen, wenn ich erfolgreich bin.
- Meine Eltern glauben, dass nicht genug für alle da ist.
- Man kann entweder arm und glücklich sein oder reich und unglücklich.
- Geld verdirbt den Charakter.
- Geld ist schmutzig.
- Geld macht einsam.
- Wenn ich arm bin, bin ich Gott wohlgefällig.
- Bei Geld hört die Freundschaft auf.
- Ich muss immer abhängig sein.
- Ich darf nicht unabhängig sein.
- Unabhängigkeit ist gefährlich für mich.
- Diese ständige Unsicherheit wegen Geld macht mich krank.
- Ich glaube nicht daran, dass ich immer genug Geld habe.
- Geld ist immer zu wenig.
- Ich verdiene es nicht, mehr Geld zu haben als mein Vater / meine Mutter / mein Bruder / meine Schwester.
- Ich kenne es nur so, dass es an Geld fehlt.
- Geld ist etwas Schlechtes.
- Es ist nie genug Geld da.
- Ich kann nicht erfolgreich sein.
- Ich kann mir nicht vorstellen, dass sich jemals etwas zum Guten ändert.
- Ich darf nicht erfolgreicher sein als die Personen, die zu meiner Familie gehören.
- Ich werde nie genug Geld haben.
- Das Thema Geld ist für mich voller Angst.
- Ich habe Angst davor, wie es weitergehen soll.

» Ich bin frustriert, weil es die anderen schaffen, aber ich nicht.

» Ich kann mich nicht selbst versorgen.

» Niemand glaubt an mich.

» Ich glaube an mich.

» Ich glaube nicht an diese Methode und daran, dass ich etwas ändern kann.

» Ich verzeihe mir jetzt, dass ich es bis jetzt nicht geschafft habe, Erfolg zu haben.

» Ich bin machtlos.

» Niemand schätzt mich.

» Reichtum macht mir Angst.

» Reiche Menschen sind alle Verbrecher.

» Gott liebt die Armen. Damit Gott mich liebt, bleibe ich lieber arm.

» Ich möchte gerettet werden und leide so lange, bis mir jemand hilft.

» Ich schäme mich dafür, dass ich nicht genug Geld habe.

» Ich bin nicht in meiner Kraft.

» Menschen mit viel Geld sind alle Egoisten. So will ich niemals sein.

» Ich fühle mich von Gott / der größeren Kraft getrennt.

» Ich bin fähig, Wege zu finden, in meine Kraft zu kommen.

» Ich schaffe es, neue Wege zu finden, gut für mich zu sorgen.

» Ich glaube an mich und an meine Kraft.

» Ich schaffe es, mich zu mögen und es mir zu beweisen, indem ich Erfolg habe.

» Nur wenn ich im Lotto gewinne, geht es mir gut.

» Ich warte so lange, bis ich im Lotto gewonnen habe.

» Ich habe Angst davor, meinen Chef um eine Gehaltserhöhung zu bitten.

- Es scheint so, als hätten die anderen Menschen immer mehr Geld als ich. ✉
- Solange es anderen Menschen schlechter geht als mir, habe ich nicht das Recht, erfolgreich zu sein. ✉
- Solange ich einen behinderten Bruder / eine behinderte Schwester habe, will ich ihnen den Schmerz ersparen, mich erfolgreich und glücklich zu sehen. ✉
- Ich muss ständig Schulden machen. ✉
- Ich fühle mich schuldig und schäme mich dafür, weil ich mir Geld leihe und es nicht zurückzahle. ✉
- Ich schaffe es nicht, meine Familie zu unterstützen. ✉
- Ich habe Angst davor, alles zu verlieren, was ich besitze. ✉
- Wenn die anderen mich lieben würden, würden sie mir helfen. ✉
- Ich bin genug. ✉
- Ich kann niemals die Erwartungen meiner Eltern / meines Partners erfüllen. ✉
- Ich werde nie befördert. ✉
- Ich bin jetzt bereit zu lernen, wie ich auf eine neue und gute Weise für mich sorgen kann. ✉
- Ich bin jetzt bereit dazu, meine Bedürfnisse zu entdecken und lieb mit mir zu sein. ✉
- Ich bin jetzt bereit, mich selbst um mich zu kümmern. ✉
- Ich kümmere mich ab jetzt um mich. ✉
- Es ist nicht genug für alle da. ✉
- Es ist genug für alle da. Auch für mich selbst. ✉
- Ich habe mich selbst aufgegeben. Es geht ja doch nicht. ✉
- Ich sage jetzt Ja zu mir. Ich stehe auf und kümmere mich um mich. ✉
- Bei den kleinsten Schwierigkeiten mache ich einen Rückzieher und gebe auf. ✉
- Ich halte durch, auch wenn es mal schwierig wird. ✉

- » Ich finde gute Wege, meine Probleme zu lösen. ✉
- » Ich bin jetzt erwachsen und kann mir Unterstützung holen, wenn ich sie brauche. ✉
- » Wenn es jemandem in meiner Familie schlecht geht, so muss ich es nicht sein. ✉
- » Es hilft den anderen Menschen in meiner Familie nicht, wenn ich mich bestrafe und leide und erfolglos bleibe. ✉
- » Ich bin bereit, für mich selbst einzustehen. ✉
- » Ich bin jetzt bereit, die alten einschränkenden Bilder und Glaubenssysteme über Geld hinter mir zu lassen. ✉
- » Meine Eltern schämten sich immer für mich. ✉
- » Meine Eltern haben mich nie gewollt. ✉
- » Ich bin immer eine Last / Bürde gewesen. ✉
- » Ich fühlte mich immer überflüssig und hatte keinen Platz. ✉
- » Ich kann meinen Platz einnehmen und zu mir stehen. ✉
- » Ich habe die gleiche Daseinsberechtigung wie alle anderen Menschen. ✉
- » Um zu meiner Familie zu gehören, muss ich glauben, dass Geld etwas Schlechtes ist. ✉
- » Geld ist schmutzig. ✉
- » Ich bleibe lieber arm, als dass ich dieses schmutzige Geld annehme, an dem so viel Schuld und Blut klebt. ✉
- » Ich bekomme Geld für meine gute Leistung. ✉
- » Ich verdiene es, viel Geld zu verdienen. ✉
- » Ich bin fähig, gute Arbeit zu leisten. ✉
- » Ich bin jetzt bereit, Geld anzunehmen. ✉
- » Ich bin dauerhaft erfolgreich. ✉
- » Ich darf mir selbst vertrauen. ✉

Umfassende Anweisung:

- » Unbewusstes, löse jetzt all meine Angst davor, nicht genügend Geld zu haben, und alle meine einschränkenden Bilder, Haltungen, Gedanken, Glaubenssätze, Einstellungen und Emotionen, die jemals dazu führen, dass ich diese Angst habe, behalte oder wieder annehmen will.

Vorschläge für die Ankertechnik:

- Ich verdiene jeden Monat *[Betrag einsetzen, der realistisch und komfortabel ist]*.
- Ich öffne mich dem Fluss des Geldes.
- Ich habe immer mehr Geld, als ich brauche.
- Wohlstand ist Sicherheit.
- Das Leben beschenkt mich.
- Ich bin dankbar für meinen Verdienst.
- Mein Herz ist voller Dankbarkeit.

Verantwortung für das eigene Leben

Einer der wesentlichsten Schritte für den Erfolg im Leben und das eigene Glück ist, die volle Verantwortung für das eigene Leben zu übernehmen und im tiefsten Herzen zum Leben Ja zu sagen. Manchmal kann das nicht gelingen, weil wir unbewussten Mustern folgen, und selbst, wenn es uns einmal kurzzeitig gelingt, diese tief eingefahrenen Muster zu verlassen, doch wieder dorthin zurückgehen, weil sie uns vertraut sind und ein Gefühl von Sicherheit vermitteln, auch wenn wir daran leiden. Hintergrund für dieses dem Erfolg und dem Glück abgewandte Verhalten kann eine Vielzahl von Bildern, Mustern und Glaubenssystemen sein, die ihren Ursprung in unserer Kindheit, unserer Kernfamilie und in der Art und Weise haben, wie wir unser Leben immer und immer wieder erfahren.

Meist liegt der Ursprung der verursachenden Bilder, Erinnerungen und Glaubenssätze weit in der Vergangenheit. Oft suchen wir dann immer wieder Hilfe, machen noch eine Therapie, probieren noch eine Methode, gehen zu noch einem Therapeuten, lesen noch ein Selbsthilfebuch – und verpassen dabei die Gelegenheit, endlich unser Leben anzupacken, zu schauen, was der nächste Schritt für uns ist, und diesen auch zu tun. Manchmal fordert das Leben von uns ein Tun – ganz unabhängig davon, ob es nun ›richtig‹ oder ›falsch‹ ist.

Durch BSFF lassen sich die grundlegenden inneren Haltungen zum Thema Selbstverantwortung verändern, kindliche Einstellungen aufgeben und der Blick auf das Leben klären. Denn eines ist klar, es gibt nur einen Menschen, der die Verantwortung für unser Leben voll und ganz übernehmen kann und muss, und das sind wir selbst. Niemand kann es uns abnehmen, uns dem Leben zu stellen, wie es für uns ist und wie es sich uns zeigt. Dazu sind wir aufgefordert, unbewusste kindliche Muster und Schemata hinter uns zu lassen und unser Unbewusstes vielleicht auch nachholen zu lassen, was es noch nicht entwickeln konnte. Dann können wir den Teil an Verantwortung für uns selbst und für unser Leben, der bisher noch nicht gelebt werden konnte, und damit ein Stück von uns selbst auf eine erwachsene und vielleicht auch überraschend neue, kraftvolle und gute Weise neu kennen lernen.

Auch hier empfiehlt sich die Vorgehensweise, zuerst alle einschränkenden Haltungen und Glaubenssätze mit BSFF zu transformieren. Aber es gibt eine Falle, in die man leicht tappen kann. BSFF erledigt zwar das Ausradieren in unserem Unbewussten und damit eine Menge an Vorarbeit, aber es nimmt uns nicht die Verantwortung für unser Leben ab. Die Verantwortung müssen wir selbst übernehmen. Aufwachen und unser Leben in die Hand nehmen, das will von uns selbst getan werden. BSFF unterstützt uns dabei.

Hier folgt eine Sammlung von unbewussten Glaubenssätzen, Mustern und inneren Haltungen zum Thema Selbstverantwortung.

- Ich werde nie genug Verantwortung für mich übernehmen, so dass es mir gut geht.
- Verantwortung für mich konnte ich noch nie übernehmen. Ich will immer, dass die Anderen mir helfen.
- Unbewusstes, lass all die kindlichen Bilder und Vorstellungen gehen, die sagen, ich bin hilflos, das Leben ist zu schwer und ich kann nichts allein tun. Mit Dank.
- Unbewusstes, lass all die Bilder und Glaubenssätze gehen, die mich hindern, die Verantwortung für mich selbst und mein Leben zu übernehmen.

» Unbewusstes, lass all die Bilder und Glaubenssätze gehen, die sagen, dass das Leben immer schwer sein muss, dass ich erfolglos sein muss und immer leiden muss und immer ein armes Kind bleiben muss. Mit Dank.

» Ich lehne es ab, die volle Verantwortung für mich und mein Leben zu übernehmen.

» Wenn ich die Verantwortung für mich übernehme, habe ich keinen Grund mehr zu jammern.

» Wenn ich die Verantwortung für mich und für mein eigenes Leben übernehme, kann ich den anderen nicht mehr die Schuld in die Schuhe schieben.

» Die anderen sind schuld daran, dass es mir nicht gut geht und ich erfolglos bleibe.

» Das hat doch sowieso keinen Sinn.

» Wenn ich nicht weiß, ob es richtig ist, was ich tue, tue ich lieber gar nichts.

» Alles, was ich tue, ist von vornherein zum Scheitern verurteilt.

» Ich schaffe es einfach nicht und ich werde es nie schaffen.

» Es ist mir nicht erlaubt, Erfolg zu haben.

» Es ist mir nicht erlaubt, dauerhaft erfolgreich zu bleiben.

» Selbst wenn ich mal Erfolg habe, geht es nach kurzer Zeit wieder genauso wie vorher.

» Ich bemitleide mich.

» Ich bin ein Opfer.

» Ich bleibe immer ein Opfer.

» Ich bin und bleibe hilflos.

» Ich bleibe immer von den anderen abhängig.

» Unabhängigkeit ist mir fremd und macht mir große Angst.

» Auch BSFF kann mir nicht dabei helfen, mein Leben anzupacken und selbst in die Hände zu nehmen.

» Ich muss immer hilflos sein und hilflos bleiben.

» Selbstverantwortung und Unabhängigkeit machen mir Angst.

» Die alten Abhängigkeiten und den inneren Schmerz aufzugeben und hinter mir zu lassen, ist unvorstellbar für mich und macht mir Angst.

» Alles Neue macht mir Angst.

» Das Neue ist schlimm für mich, lieber lasse ich alles so, wie es ist.

» Ich habe Angst davor, Verantwortung für mich zu übernehmen, weil ich dann einige Dinge in meinem Leben ändern muss.

» Ich habe Angst davor, etwas zu verändern.

» Ich weiß nicht, was der nächste Schritt für mich ist.

» Ich darf nicht nach vorne schauen auf mein Leben und in meine Zukunft.

» Heimlich genieße ich es, ein Opfer zu sein, weil ich dann keine Verantwortung für mich und für mein Leben übernehmen muss.

» Es ist so schön, mich als ein Opfer zu fühlen.

» Ich warte heimlich immer auf Hilfe von außen und dass andere mir helfen.

» Ich schaffe es nicht, die Verantwortung für mich und mein Leben zu übernehmen.

» Wenn ich Verantwortung für mich und mein Leben übernehme, passiert anderen etwas Schlimmes.

» Wenn ich Verantwortung für mein Leben und für mich übernehme und es mir gut gehen lasse, müssen andere mehr leiden.

» Ich schaffe es nicht, andere leiden zu sehen, und will deshalb mit ihnen leiden.

» Ich fühle mich für meine Eltern verantwortlich.

» Weil es anderen nicht gut geht, darf es mir auch nicht gut gehen.

» Ich sehe immer nur das Schlechte.

- » Mir fällt immer nur das auf, was nicht in Ordnung ist, was nicht ganz ist. Ich sehe nie das Gute. ✉
- » Ich darf ab jetzt auch das Gute sehen, das in allem ist. ✉
- » Ich kann nicht sehen, dass nur ich die Verantwortung für mich und mein Leben übernehmen muss, und niemand sonst. ✉
- » Ich erlaube mir, von jetzt an immer mehr und mehr Verantwortung für mich und mein Leben zu übernehmen, so dass ich gut bin für alle. ✉
- » Ich darf die volle Verantwortung für mich und mein Leben übernehmen. ✉
- » Ich bin verantwortlich für mich und mein Leben. ✉
- » Ich stimme jetzt zu, dass ich die ganze volle Verantwortung für mich und mein Leben übernehmen werde und will. Nur ich kann es ändern. ✉
- » Jetzt tue ich es! ✉
- » Ich mache was draus. ✉
- » Jetzt nehme ich mein Leben als Geschenk und halte es in Ehren. ✉
- » Ich mache es. ✉
- » Jetzt fange ich an. Jetzt! ✉

▸ Angst und Trauma

Die folgenden Kapitel befassen sich mit Ängsten, insbesondere mit denen, die in uns aufkommen, wenn wir uns verändern. Wenn wir wachsen, uns weiterentwickeln und vielleicht von Altem, Liebgewonnenem Abschied nehmen, um einen Schritt zu tun und unsere Ziele zu erreichen. Dabei ist es ganz normal, dass uns das Unbekannte fremd erscheint und sogar auch ängstigt.

Ein weiteres Kapitel gibt Hinweise zum Umgang mit traumatischen Erinnerungen und wie BSFF dazu beitragen kann, von den belastenden Bildern frei zu werden.

▶ Die Angst, Gefühle zuzulassen

» Ich habe Angst, mich wirklich zu spüren.

» Ich habe Angst, meine Gefühle zuzulassen.

» Ich denke / esse... meine Gefühle immer weg.

» Ich erlaube mir jetzt, meine Gefühle zu spüren. Ich lerne jetzt, meine Gefühle wahrzunehmen.

» Ich glaube, dass meine aggressiven Gefühle etwas Schlechtes sind.

» Ich bin wie meine Mutter / mein Vater, auch sie haben ihre Gefühle nie gezeigt.

» Wenn ich meine Gefühle zeigen würde, würden sich alle von mir abwenden.

» Ich muss immer stark sein. Für Gefühle gibt es da keinen Platz.

» Gefühle sind Schwäche.

» Nur Schwächlinge zeigen anderen Menschen ihre Gefühle.

» Ein Indianer kennt keinen Schmerz.

» Meine Gefühle machen mir oft Angst.

» Wenn ich meine Gefühle zeigen würde, wäre ich verletzbar.

» Gefühle sind mir fremd und verunsichern mich.

Umfassende Anweisung:

» Jetzt behandle ich alle Probleme, die ich bezüglich Fühlen oder dem Zulassen oder Ausdrücken meiner Gefühle jemals hatte, und alle einschränkenden inneren Bilder, Gedanken, Glaubenssätze, Haltungen und Emotionen, die jemals dazu führen können, dass ich die Angst vor meinen Gefühlen wieder annehme.

▶ Angst vor Fortschritt, Identitätsverlust und Veränderung

Das Neue, das Unbekannte, die Veränderung machen uns oft Angst. Wir wissen nicht, was kommt, was wird und wie es dann sein wird. Um uns sicher zu fühlen, benötigen wir das

Gefühl, unser Leben im Griff zu haben. Aber haben wir das wirklich? Zumindest die großen Dinge im Leben scheinen sich unserer Kontrolle völlig zu entziehen. Dinge wie unser Geschlecht, unser Beruf und unsere Begabungen, die Liebe, unsere gesundheitliche Konstitution, unser Heimatland, unsere Familie und so weiter. Dieses Leben hat so viele Unbekannte. Die Beschäftigung mit diesen Themen kann uns einen Blick aus einer anderen Richtung schenken und einen Hinweis darauf, wo unser persönlicher Spielraum liegt, den Bereich, wo es sich zu verändern, sich weiterzuentwickeln lohnt, und wo unsere innere Leistung Zinsen trägt. BSFF hilft dabei, mit mehr Sicherheit und Selbstvertrauen weiterzugehen.

» Ich habe Angst davor, meine Identität zu verlieren, wenn ich etwas Neues mache. ✉

» Diese Methode macht mir Angst, weil sich etwas in meinem Leben verändern könnte. ✉

» BSFF irritiert mich, weil ich nicht im Griff habe, was an Neuem geschehen wird. ✉

» Ich will nicht, dass etwas geschieht, über das ich keine Kontrolle habe. ✉

» Ich fürchte mich davor, etwas in meinem Leben zu verändern. ✉

» Wenn ich etwas verändere, werde ich unsicher. ✉

» Ich will Sicherheit und die verliere ich, wenn ich mich verändere. ✉

» Alles Neue macht mir Angst. ✉

» Mir fehlt das Vertrauen in die Zukunft. ✉

» Ich bleibe lieber wie ich bin. Da weiß ich, was ich habe. ✉

» Ich fürchte mich davor, meine eigene Tiefe zu entdecken. ✉

» Ich habe Angst, dass die Veränderung etwas Schlimmes mit sich bringt. ✉

» Wenn ich erfolgreich wäre, bekäme ich Angst und würde wieder alles verlieren. ✉

» Ich fürchte mich vor Veränderungen. ✉

- » Immer wenn ich etwas anders gemacht habe, war es falsch.
- » Wenn ich früher etwas anders gemacht habe, sind immer schlimme Dinge geschehen.
- » Ich schäme mich für die Ergebnisse meines bisherigen Lebens.
- » Ich fürchte mich vor dem Unbekannten.
- » Alles Ungewohnte macht mir Angst. Ich verliere dann den Boden unter den Füßen.
- » Bevor ich mich verändere, will ich genau wissen, was kommt.
- » Erst wenn ich alle meine Probleme auf allen Ebenen vollständig gelöst habe, kann ich mich verändern.
- » Erst wenn ich alle meine Probleme vollständig verstehe, kann ich mich verändern.

Umfassende Anweisung:

- » Unbewusstes, Du löst jetzt all meine Angst vor Fortschritt, vor dem Neuen und meine Angst vor Veränderung und alle mein Leben einschränkenden, begrenzenden Bilder, Gedanken, Glauben, Einstellungen, Haltungen und Emotionen, die mich hindern, voranzuschreiten und mich auf gute Weise zu verändern, um erfolgreich / liebevoller / gesünder / kreativer... zu sein.

▶ Angst vor dem eigenen Wachstum

- » Wenn ich mich auf eine positive Weise verändere, wenden sich alle von mir ab, die mich mögen.
- » Wenn ich meine Probleme löse, habe ich keine Gesprächsthemen mehr.
- » Wenn ich meine Probleme löse – was soll ich dann tun?
- » Wenn sich alle von mir abwenden, weil ich meine Probleme gelöst habe, wendet sich auch mein Chef von mir ab. Und dann habe ich keine Arbeit mehr. Und deshalb lasse ich lieber alles so, wie es ist.
- » Wenn ich erfolgreich / gesund / zufrieden... bin, muss sich

Unbewussten ist. Arbeiten Sie einfach nach und nach an Ihren belastenden Erinnerungen, so lange, bis Sie sich frei und gut fühlen.

Hilfreich und unterstützend können die folgenden Sätze sein, die Sie in Ihre Arbeit mit belastenden Erinnerungen mit hineinnehmen können:

- » All das ist passiert. Es ist aber vorbei. Und ich bin okay. Ich habe es überlebt.
- » Ich lebe.
- » Ich bin tot.[*]
- » Ich darf mich jetzt entspannen.
- » Ich bin nicht am Leben.
- » Ich werde jeden Moment sterben.
- » Ich muss ganz still und starr sein, sonst sterbe ich.
- » Ich habe überlebt.
- » Ich lebe.
- » Ich habe es geschafft.
- » Ich habe es geschafft und es ist vorbei.
- » Es darf für immer vorbei sein.
- » Ich habe Angst, mich zu bewegen, weil ich sonst sterben werde.
- » Es ist vorbei.
- » Ich / wir habe/n das überlebt und sind jetzt okay.
- » Ich entscheide mich jetzt dafür, die Vergangenheit loszulassen.
- » Ich darf jetzt leben.
- » Ich hab es geschafft und erlaube mir ein gutes, angenehmes Leben.
- » Ich bin jetzt in Sicherheit.
- » Ich bin jetzt sicher.
- » Danke, dass ich überlebt habe.
- » Danke, dass ich lebe.

[*] Sollte dieser Satz in Ihrem Unbewussten verinnerlicht sein, wird er durch BSFF gelöscht.

▸ Arbeit und Beruf

In diesem Kapitel geht es um Arbeit und um berufliche Themen. Dazu finden Sie wieder eine Auswahl an Glaubenssätzen und inneren Haltungen, die Sie auf Eigenes hin prüfen können. Arbeit und Beruf sind unsere Ernährer. So, wie es zuerst unsere Mutter war, die uns ernährt hat, zuallererst in ihrem Bauch. Später, nach unserer Geburt, war vielleicht unser Vater unser Ernährer. Und als wir erwachsen wurden, trat unser Beruf, unsere Arbeit als Ernährer an die Stelle von Mutter und Vater. Sie merken schon, in welche Richtung es zu schauen gilt, wenn es Probleme im beruflichen Bereich gibt. Auch hier spielt neben unserer persönlichen Begabung die Eltern-Kind-Beziehung mit hinein.

▶ Perfektion

» Unbewusstes, lass die Bilder gehen, die machen, dass ich Angst habe, etwas falsch zu machen, zu versagen. ✉

» Ich muss immer perfekt sein. ✉

» Hilf mir anzuerkennen, dass ich ein ganz normaler Mensch bin, der auch Fehler macht und machen darf. ✉

» Ich darf Fehler machen, ohne dass etwas Schlimmes passiert. ✉

» Ich darf auch mal unperfekt sein, ohne dass ich etwas wichtiges verliere. ✉

» Ich darf am Leben bleiben, auch wenn ich Fehler mache. ✉

» Ich behalte die Kontrolle, auch wenn ich etwas falsch mache. ✉

» Ich werde geliebt, auch wenn ich unperfekt bin. ✉

» Ich bin ein wichtiger und guter Mensch, auch wenn ich Fehler mache. ✉

▶ Das Gefühl, nicht gut genug zu sein

» Egal was ich tue, ich kann es keinem recht machen. ✉

» Ich mache immer alles falsch. ✉

» Egal, wie ich mich auch anstrenge, immer ist etwas falsch. ✉

- Ich muss immer Fehler machen. ✉
- Nie ist etwas richtig. ✉
- Unbewusstes, lass die Bilder und Glaubenssätze gehen, die machen, dass ich glaube, dass ich alles falsch mache, dass ich es niemandem recht machen kann. ✉

▶ Wert und Kompetenz

- Ich kann weniger als die anderen. ✉
- Immer werden die anderen bevorzugt. ✉
- Ich werde immer benachteiligt. ✉
- Ich bin weniger Wert als die anderen. ✉
- Ich bin weniger wichtig als die anderen. ✉
- Die anderen sind mehr als ich. ✉
- Ich habe Wert. ✉
- Ich habe einen wichtigen Platz in meinem Team. ✉
- Ich habe Bedeutung. ✉
- Ich bin wichtig. ✉
- Ich bin wertvoll. ✉
- Ich bin kompetent. ✉
- Unbewusstes, lass allen Glauben, alle Bilder und Haltungen gehen, die mir diese Gefühle von Wertlosigkeit und Unwichtigkeit machen. ✉
- Behandle jetzt die Stopper. ✉

▶ Das Gefühl, nicht genug zu leisten

- Egal, was ich tue, es ist nie genug. ✉
- Ich leiste nicht genug. ✉
- Es ist nie genug. ✉
- Ich bin nicht genug. ✉
- Ich genüge nicht. ✉
- Ich bin ungenügend. ✉
- Ich bin auf dem falschen Platz. ✉
- Es ist einfach nicht das Richtige für mich. ✉

- Ich gehöre woanders hin.
- Ich gehöre nicht dazu.
- Ich gehöre dazu.
- Ich darf dazugehören.
- Ich bin richtig.
- Ich darf meinen Platz finden.
- Unbewusstes, lass all die Bilder und Glaubenssätze gehen, die meinen Glauben nähren und erhalten, dass ich nicht genug bin.
- Unbewusstes, löse für mich all meinen unbewussten Glauben, dass ich nicht genüge und es nie genug ist.
- Unbewusstes, löse all mein Empfinden auf, auf dem falschen Platz zu sein, und unterstütze mich liebevoll dabei, den Platz zu finden, der mir gehört.

Die systemische Ebene

Das folgende Kapitel beschäftigt sich mit unbewussten Einflüssen, die etwas mit der Gruppe tun haben, zu der wir gehören, also zum Beispiel die Familie, aus der wir stammen. Die Beziehungen zu unseren Eltern, Geschwistern, Ahnen, unserem Partner usw. haben eine zum Teil bewusste, zum Teil unbewusste Wirkung auf uns. Dieser Bereich wird als systemisch bezeichnet.

Die Beziehung zur eigenen Familie

Wir sind soziale Wesen. Deshalb hängt von unseren Beziehungen zu anderen Menschen zu einem wesentlichen Teil ab, ob wir uns wohl oder schlecht fühlen. Und die Beziehungen zu den Menschen unserer Ursprungsfamilie spielen dabei eine besonders große Rolle. Dazu gehören unsere Eltern, Geschwister, Groß- und Urgroßeltern, aber auch andere wichtige Verwandte.

Wurden wichtige Personen aus unserer Ursprungsfamilie ausgeschlossen, so hat das häufig tiefe Wirkungen und Konsequenzen auf die Übrigen, oft selbst dann, wenn der Ausschluss in einer früheren Generation stattgefunden hat. Mit Ausschluss ist unter anderem Abtreibung, Mord, Weggabe oder Verstoßen eines Kindes und so weiter gemeint.

Später Geborene stehen manchmal unbewusst in einer sehr tiefen und liebenden Verbindung zu einer ausgeschlossenen Person, auch wenn diese Person vergessen wurde. Daraus können auffällige Verhaltensweisen, suizidale Tendenzen, vielfältige Erkrankungen oder Probleme, seinen Platz im Leben zu finden, und vieles mehr entstehen.

In unserem Unbewussten gibt es ein tiefes Empfinden für fehlende Personen. Wir fühlen uns dann oft nicht an unserem Platz. Von dem Empfinden, dass etwas fehlt, das aber nicht näher zu fassen ist, kann manchmal das ganze Leben überschattet sein. Wird die ausgeschlossene Person gesehen, gewürdigt und in das eigene Herz sowie Unbewusste integriert, ergeben sich oft unmittelbar große Veränderungen hin zu Frieden, einem Gefühl von Ganzheit und innerer Stimmigkeit, die vorher undenkbar waren.

Sollte BSFF (oder andere Formen von Unterstützung) in einem bestimmten Bereich völlig wirkungslos bleiben, kann es zu einer guten Lösung beitragen, den Fokus von sich selbst wegzunehmen und in einen größeren sozialen Bezugsrahmen zu blicken und die Familie anzusehen, aus der wir unser eigenes Leben bekommen haben. Oft wartet die Lösung dort schon auf uns.

Die genaue Vorgehensweise würde den Rahmen dieses Buches sprengen. An dieser Stelle sei deshalb nur der Hinweis auf weiterführende Möglichkeiten wie phänomenologische Systemarbeit oder systemische Strukturaufstellungen gegeben. Es hat sich gezeigt, dass BSFF dafür den Boden bereitet und eine gute Vorbereitung im Unbewussten ermöglich, so dass die Lösung dann oft ganz einfach und leicht gefunden werden kann.

Mit BSFF kann der Blick auf die Beziehung zu unseren Eltern und Geschwistern oder auf andere wichtige Personen unserer Familie gelenkt werden, um eventuell belastete oder gestörte Beziehungen so zu transformieren, dass wir es leichter haben und sich der Druck löst, der vielleicht auf unserer Brust lastet. Dabei gibt es ganz einfache Grundhaltungen, die hier genauso hilfreich sind, wie in allen anderen Bereichen, die wir mit BSFF anschauen können.

- Jeder hat das gleiche Recht dazuzugehören.
- Jeder war so, wie er war, richtig.
- Jeder ist auf die gleiche Weise gewollt.
- Jeder darf so sein, wie er ist.
- Alles was war, darf so gewesen sein.
- Wenn wir unser inneres Bild von einem anderen Menschen verändern, verändert sich auch der Andere uns gegenüber.
- Wenn wir unserem Unbewussten erlauben, auch die in den Blick zu nehmen, die ausgeschlossen wurden, fühlen wir uns ganz und vollständig und glücklich.
- Wenn wir die Größe entwickeln können anzuerkennen, dass unsere Eltern ganz gewöhnliche Menschen sind, die auch etwas falsch gemacht haben, fehlerhaft sind und unvollkommen, kommen wir in Frieden mit ihnen und damit mit uns.
- Die Eltern-Kind-Beziehung hat eine enorme Größe und Tiefe für uns und es lohnt sich, hier BSFF Gutes und Entspannendes tun zu lassen, so dass wir unsere Eltern annehmen können, wie sie sind.

Unser Leben kommt von unseren Eltern zu uns. Und wir haben nur diese, diese eine Mutter und diesen einen Vater. Das hat tiefe Konsequenzen. Unsere Eltern und unsere Ursprungsfamilie sind unsere Wurzeln und eine wichtige Grundlage für unser Selbstbild und unsere Identität. Wesentliche Bilder, Glaubenssätze und Informationen, zum Beispiel über Ängste, unerlöste seelische Konflikte und Traumata unserer Eltern, insbesondere von unserer Mutter, werden offenbar bereits im Mutterleib von unserem Unbewussten aufgenommen. Deshalb halten wir viele Themen und Probleme für unsere eigenen, obwohl sie von unserer Mutter stammen.

Es zeigt sich, dass viele Lebensthemen, also Themen, an denen wir unser Leben lang meinen arbeiten zu müssen, nicht unsere eigenen, sondern unbewusst von unserer Familie übernommen sind. Es lohnt sich, den Blick auch darauf zu richten, wo wir vielleicht andere Bilder für unsere eigenen halten.

Was unsere Eltern und unsere Familie als Wurzeln betrifft, möchte ich noch ein Bild mit Ihnen teilen, weil viele unserer Probleme und Schwierigkeiten etwas mit unserer Eltern-Kind-Beziehung zu tun haben, also in der Vergangenheit liegen. Ich stelle mir die Familie manchmal wie einen Baum vor, der auf seine Wurzeln schaut, und frage mich, was geschieht wohl mit einem Baum, der seine Wurzeln verachtet, der sagt: »Sie gefallen mir nicht. Sie waren nicht richtig für mich. Sie haben etwas falsch gemacht.« Wie viel Kraft hat dieser Baum verglichen mit einem Baum der sagt: »Ich freue mich an meinen Wurzeln. Sie sind die richtigen für mich. Ich liebe sie. Und ich bin ihnen dankbar. Sie geben mir mein Leben. Sie lassen mich wachsen.«

Die wesentliche transformierende Kraft, die zu uns kommt, wenn wir wollen, ist die Zustimmung zu allem, wie es war. Vielleicht ist eine solche Zustimmung eine ganz besonders große und schwierige Herausforderung für uns. Doch diese Zustimmung ist die Tür, hinter der unser Fortschritt liegt. Zustimmung heißt, das Vergangene anerkennen, die Eltern anerkennen, wie sie waren, mit all ihren Fehlern und Schwächen, als ganz gewöhnliche, normale Menschen. Die Zustimmung sagt: »Ja, so war es.« Mit BSFF gelangen wir leichter dorthin, und erkennen, welche Besonderheiten, Begabungen und wie viel Schönes wir aufgrund der eigenen Wurzeln bekommen haben.

» Unbewusstes, behandle jetzt meine Beziehung zu meiner Mutter.
» Unbewusstes, behandle jetzt die Beziehung zu meinem Vater.
» Unbewusstes, behandle jetzt die Beziehung zu *[Name des Bruders, der Schwester]*.

Setzen Sie die Namen aller Geschwister ein und sprechen sie einzeln an. Gehen Sie dann in Ihrer Familie weiter zurück, indem Sie jeden einzeln und direkt ansprechen, entweder mit Namen oder wenn Sie den nicht wissen, mit dem Generationsrang wie Urgroßmutter. Auch deren Kinder und Geschwister und so weiter sollten, sofern bekannt, angesprochen werden, besonders alle, die ein schweres Schicksal hatten oder in besonderer Weise Leid trugen beziehungsweise tragen.

» Behandle alle Gefühle von *[Gefühl]*, die ich für *[Person]* übernommen habe oder für *[Person]* trage.

» Behandle alle mein Leben einschränkenden Bilder, Glaubenssätze, emotionalen Wurzeln, Einstellungen, Haltungen, die ich für *[Person]* übernommen habe oder für *[Person]* trage.

» Ich bin der kleine Sohn / die kleine Tochter meiner Mama.

» Ich bin der kleine Sohn / die kleine Tochter meines Vaters.

» Ich nehme meine Mutter / meinen Vater jetzt so an, wie sie / er ist.

▶ Die inneren kritischen Eltern

Mit den inneren kritischen Eltern sind die Stimmen in unserem Kopf gemeint, die wir manchmal mehr oder weniger laut innerlich hören, wenn wir im Leben etwas Neues wagen oder unsere ersten selbstständigen Schritte tun wollen. Es sind Sätze wie: »Dafür bist du noch zu klein« oder: »Das kannst du sowieso nicht« oder: »Ich hätte lieber einen Jungen gehabt« oder: »Schuster bleib bei deinem Leisten« oder: »Der Apfel fällt nicht weit vom Stamm« oder: »Das schaffst du nie«.

Sie kennen sicher noch zahlreiche weitere Beispiele. Welche Sätze waren es bei Ihnen, die Sie in Ihrer Kindheit immer wieder gehört haben und die Sie einschränkten, Ihnen Angst gemacht oder Ihr Selbstbild beeinflusst haben? Machen Sie BSFF auf diese Sätze und auch auf die Umstände und Situationen, die Ihnen einfallen, sowie auf alles, was damals dazu beigetragen hat.

» Ich erlaube mir jetzt, von diesen Stimmen meiner Eltern in mir frei zu werden.

» Unbewusstes, lass diese Bilder und Sätze meiner Eltern in mir gehen – mit Dank, denn sie haben mich stärker gemacht.

- » Ich bin bereit damit aufzuhören, es mir selbst schwer zu machen.
- » Mein Leben darf von jetzt an einfach und leicht sein.
- » Ich verdiene es, geliebt zu werden.
- » Ich bin bereit, von jetzt an gut für mich zu sorgen und mich lieb zu haben.
- » Ich achte und akzeptiere mich selbst genau so, wie ich bin.
- » Ich bin bereit, mich selbst so zu achten und anzunehmen, wie ich bin.
- » Ich bin ein guter Mensch.
- » Ich bin genug.
- » Ich werde geliebt und bin ein wichtiger Teil des Ganzen.
- » Es ist kein Treuebruch gegenüber meiner Mutter / meinem Vater, wenn ich ihre / seine Kritik aus meinem Unbewussten entferne.
- » Ich habe das Recht, meine eigenen Maßstäbe zu setzen.
- » Ich kann angemessene Maßstäbe für mich setzen.
- » Ich bin ein guter Mensch, auch wenn ich die Maßstäbe meiner Eltern überwinde und eigene habe.
- » Ich kann vieles besser, wenn ich diese negativen Stimmen in mir stoppe.
- » Der negative Dialog in meinem Kopf gibt mir eine Ausrede dafür, dass ich nicht weiterkomme.
- » Ich habe ein schlechtes Gewissen, weil ich nicht das tue, was meine Eltern / mein Vater / meine Mutter wollen.
- » Ich kann niemals eine gute Tochter / ein guter Sohn sein.
- » Ich bin ein guter Sohn / eine gute Tochter, gerade weil ich meinen eigenen Weg gehe und etwas anderes tue als das, was meine Eltern / mein Vater / meine Mutter wollen.
- » Ich bin ein guter Mensch, gerade, weil ich meinem eigenen Weg folge – mit Liebe.

- Ich bin jetzt erwachsen und muss nicht immer wie ein gutes Kind sein.
- Ich muss nicht den Erwartungen meiner Eltern entsprechen.
- Ich darf jetzt meinen eigenen Erwartungen entsprechen.
- Ich mute mich Mama und Papa so zu, wie ich bin, auch wenn ich nicht ihren Vorstellungen entspreche.
- Ich folge meinem eigenen Weg.
- Ich mute mir Mama und Papa so zu, wie sie sind, auch wenn sie Vorstellungen und Erwartungen von mir haben, denen ich nicht entspreche.
- Egal, wie ich bin, ich habe meine Eltern in meinem Herzen. Und ich weiß, sie lieben mich.

Umfassende Anweisung:

- Ich entferne jetzt all meine Bedürfnisse, kritische Elternstimmen in meinem Kopf zu haben, die mir sagen, was ich tun soll, und alle einschränkenden alten Bilder, Gedanken, Glaubenssätze, Einstellungen und Emotionen, die dafür sorgen, dass ich den Erwartungen anderer Menschen folge. Ich folge ab jetzt meinem eigenen Weg.

Angst um die Zugehörigkeit zur Ursprungsfamilie

Häufig befinden wir uns in einem Spannungsfeld. Einerseits tragen wir in uns den Wunsch zu Veränderung, zu Wachstum und zu mehr Erfolg. Andererseits spüren wir Angst vor der Veränderung, vor dem Neuen und Unbekannten. Wir haben Angst davor, Altes zurückzulassen und uns auf neues, unbekanntes Terrain zu wagen. Hier kommt zu den bereits erwähnten Hintergründen noch ein weiterer Aspekt hinzu. Veränderungen bringen uns oft mit der Angst in Kontakt, den altbekannten, gewohnten Platz in unserer Familie zu verlieren. Das ist eine häufige Wurzel von Ängsten und Haltungen, die uns veranlassen, lieber nichts zu wagen. Hier einige Beispiele zu diesem Thema:

» Ich habe Angst davor, die Liebe meiner Familie zu verlieren, wenn ich mich verändere. Lieber bleibe ich so, wie ich bin.

» Wenn ich mich verändere, wird sich meine Familie von mir abwenden.

» Wenn ich mich verändere, verliere ich meinen gewohnten Platz in meiner Familie.

» Wenn ich mich verändere, werde ich einsam.

» Wenn ich mich verändere, verliere ich meine Identität.

» Wenn ich mich verändere, kommen die anderen nicht mit mir mit.

» Wenn ich mich verändere, wird es für die anderen gefährlich.

» Mir wird etwas fehlen, wenn es mir gut geht.

» Wenn ich mich verändere und mein Eigenes mache, lieben mich die anderen nicht mehr.

» Ich habe Angst davor, einen Schritt hin zu etwas Neuem zu tun und meinen eigenen Weg zu gehen.

» Es macht mir Angst, auf den Platz zu gehen, der richtig für mich ist.

» Es würde mich völlig verunsichern, wenn das Leben einfach und schön für mich wäre.

» Glück ist für mich schwer auszuhalten.

» Wenn ich mich verändere, gefährde ich meine Zugehörigkeit zu meiner Ursprungsfamilie.

» Lieber vermeide ich ein schlechtes Gewissen und bleibe so, wie ich bin.

» Mir fehlt die innere Stärke, durch die notwendigen Veränderungen zu gehen.

» Ich bin bereit, den nächsten Schritt zu tun.

» Ich bin bereit dafür, liebevoll für mich zu sorgen und auch einen neuen Schritt zu tun, wenn er für mich richtig ist.

» Ich erlaube mir, mich lieb zu haben.

- » Das Neue verunsichert mich. Mir fehlt dann Sicherheit. ✉
- » Wenn ich meiner Familie sage, was ich brauche und tun will, werden sie mich auslachen. ✉
- » Meine Familie nimmt mich nicht ernst. ✉
- » Ich will meinen Platz in meiner Familie nicht verändern. ✉
- » Ich bin bereit, meinen Platz innerhalb meiner Familie zu verändern. ✉
- » Niemand respektiert mich. ✉
- » Ich verdiene es, mit Respekt behandelt zu werden. ✉
- » Ich verdiene es, von Menschen umgeben zu sein, die mich achten und annehmen, so wie ich bin. ✉
- » Ich entscheide mich jetzt dafür, alles Notwendige zu tun, damit ich meine Ziele erreiche. ✉
- » Ich kann mich verändern und dennoch ein wichtiger / geliebter Teil meiner Familie bleiben. ✉
- » Ich kann ein Mitglied meiner Familie sein und dennoch losgelöst / getrennt von deren zerstörerischen Themen / Problemen sein. ✉
- » Ich darf mich verändern. Ich erlaube es mir jetzt. ✉
- » Ich achte und akzeptiere mich selbst jetzt genau so, wie ich bin. So bin ich richtig. ✉
- » Ich verdiene es, geachtet, akzeptiert und anerkannt zu sein. ✉

Umfassende Anweisung:

- » Unser Unbewusstes, entferne jetzt vollständig alle meine Ängste, meinen Platz in meiner Familie zu verlieren, und jeden einschränkenden Gedanken, Glauben, jede Einstellung, alle Bilder, innere Haltungen und alle Emotionen, die mich hindern oder die Ängste nähren, mich zu verändern, mich weiterzuentwickeln und Erfolg zu haben. ✉

Vorschläge für die Ankertechnik:

- » Ich bin richtig, wie ich bin.

- » Ich sage Ja zu meinem Leben.
- » Ich vertraue meinem Leben.
- » Ich werde geliebt.
- » Ich bin in Sicherheit.
- » Ich erreiche mit Leichtigkeit meine Ziele.

4

Anhang

▸ Erfahrungen aus der Praxis

Hier sind 28 Tipps und Erfahrungen von Anwenderinnen und Anwendern zusammengestellt, wie Sie BSFF effektiver in Ihr Leben integrieren können und wie Sie Ihr Unbewusstes dazu gewinnen können, Sie in Ihrem Leben auf eine gute Weise zu unterstützen. Wichtig ist dabei, alle eventuell auftauchenden Wahrnehmungen, Glaubenssätze und Gefühle zu bearbeiten, indem diese mit einbezogen werden.

1 Nach dem Aufwachen

Behandeln Sie am Morgen, gleich nach dem Aufwachen, was sich zum Beispiel während eines Traums oder in Form von Gedanken beim Aufwachen gezeigt hat, also all das, womit sich Ihr Unbewusstes in der Nacht beschäftigt hat. Es ist dabei nicht notwendig, dass Sie bewusst verstehen, was war oder worum es ging, es trägt trotzdem zu mehr Klarheit und innerer Aufgeräumtheit bei, wenn Sie Ihr Unbewusstes bei der Archivierung und Verarbeitung der Fülle von Eindrücken Ihres Lebens unterstützen.

Sie können so vorgehen, dass Sie BSFF auf jedes einzelne Element eines Traumes anwenden. Erinnern Sie sich zum Beispiel an ein Haus, denken Sie daran, haben die Absicht, BSFF klärend anzuwenden und denken Ihr Schlüsselwort. Gehen Sie so alle Elemente Ihres Traumes durch. Häufig erhalten Sie dann vom Unbewussten eine Information, eine Idee darüber, womit es sich in der Nacht beschäftigt hat.

2 Vor dem Aufstehen

Ein weitere Möglichkeit ist, gleich morgens auf das zu schauen, was am bevorstehenden Tag vor Ihnen liegt. Wenden Sie BSFF auf alles an, was eventuell schwierig werden könnte.

3 Das Unbewusste als Wecker

Sie können Ihrem Unbewussten den Auftrag geben, Sie zu einer bestimmten Zeit zu wecken. Je mehr Ihr Vertrauen in diese Methode gewachsen ist, umso verlässlicher wird das Wecken funktionieren. Für den Anfang können Sie sich Ihren Wecker stellen und Ihr Unbewusstes beauftragen, Sie fünf oder zehn Minuten, bevor der Wecker klingelt, zu wecken.

4 Arbeit mit der Zeitlinie

Stellen Sie sich Ihr Leben als eine kontinuierliche Linie vor, vom Anbeginn bis heute und darüber hinaus in die Zukunft. Prüfen Sie, ob es dunkle Stellen gibt, zum Beispiel in der Vergangenheit, Unbearbeitetes, Unerledigtes, Schmerzhaftes und so weiter. Schweben Sie innerlich nach und nach zu allen Stellen und wenden Sie BSFF auf diese Stellen, Bilder, Erinnerungen, Ereignisse an, so lange, bis sich die Ereignisse von ihrer Energie her neutralisiert haben und sich ein Gefühl von Entlastung, Entspannung, innerem Frieden einstellt.

Mit BSFF lassen sich Vergangenheit, Gegenwart und Zukunft behandeln, indem man innerlich jeweils dorthin blickt und BSFF anwendet, zum Beispiel auf vergangene traumatische Erlebnisse, gegenwärtigen Stress oder Probleme, die in künftigen Situationen auftreten können.

5 Im Traum

Die Erfahrung zeigt, dass manche BSFF-Anwenderinnen und Anwender ihr Schlüsselwort auch im Traum denken. Manchmal erleben sie es als automatischen Ablauf, dem sie nur zuschauen, manchmal erleben sie, dass sie die Wahl haben, ihr Schlüsselwort zu denken, also aktiv einzugreifen, während sie sich gleichzeitig als träumend wahrnehmen. Ihr Unbewusstes gibt Ihnen so die Möglichkeit, bestimmte Themen, die sich dem wachen Verstand und dem Denken entziehen, auf einer symbolhaften Ebene zu verarbeiten und in den Speicher des Unbewussten neu einzusortieren.

6 Die Kreativität steigern

Wenn Sie an einem Problem arbeiten und nach kreativer Unterstützung suchen, nach Ideen und Lösungen, die Sie mit Ihrem bewussten Verstand nicht sehen können, bitten Sie Ihr Unbewusstes um Hilfe. Senden Sie ein Bild von dem, wofür Sie eine Lösung benötigen. Schauen Sie dabei auf alle Informationen, die Sie schon haben, und zeigen Sie Ihrem Unbewussten, wo Ihre Frage ist.

Denken Sie dann beispielsweise: »Unbewusstes, hilf mir eine Lösung zu finden. « oder: »Unbewusstes, unterstütze mich und schenke mir Ideen. «

Am besten ersuchen Sie kreative Hilfe durch Ihr Unbewusstes kurz vor dem Einschlafen, also zu einer Zeit, wo Sie nicht mit Ihren Gedanken in die Lösung eingreifen können. Geben Sie Ihrem Unbewussten den Auftrag und vergessen das dann am besten gleich wieder. Die Antwort wird plötzlich kommen, überraschend, zum Beispiel am nächsten Tag beim Aufwachen, unter der Dusche, auf der Toilette; jedenfalls eher dann, wenn Sie nicht damit rechnen. Ihre eigenen kreativen Ideen und Formulierungen sind natürlich erwünscht.

7 Zukunftssorgen in Zuversicht verwandeln

Schauen Sie bewusst auf eine zukünftige Situation. Sprechen Sie dabei gedanklich oder laut mit Ihrem Unbewussten. Erklären Sie ihm, was ansteht und was Sie sich wünschen, wie Sie reagieren möchten. Erzählen Sie von Ihren Erwartungen, Befürchtungen, Ängsten für den nächsten Tag oder den entsprechenden Termin. Sprechen Sie zum Beispiel über Ihre Angst vor einer anstehenden Aufgabe, Konferenz, einem Vortrag vor einer Gruppe, vor einer Prüfung und so weiter. Erlauben Sie dabei Ihrem Unbewussten, alle diese belastenden Gefühle, Gedanken, negativen Bilder mit BSFF zu neutralisieren, indem Sie so lange immer wieder Ihr Schlüsselwort denken, bis Sie ein Gefühl von Entspannung, innerer Bereitschaft und Zuversicht empfinden. Schauen Sie dabei auf Situationen in der Vergangenheit, die ähnlich problematisch waren und die Sie sehr belastet haben, behandeln Sie diese ebenfalls so lange, bis diese ihre beeinflussende Macht verloren haben und Sie ruhig werden.

8 Meditation und geistige Reinigung

Schauen Sie – vorzugsweise am Abend – auf alles, was Sie während des vergangenen Tages gestresst und belastet hat. Gehen Sie innerlich mit Ihrem Schlüsselwort durch alle Stationen des Tages und erlauben Ihrem Unbewussten, die schwierigen Situationen mit BSFF zu behandeln und was belastend und vielleicht sogar zu viel war loszulassen. Denken Sie immer wieder Ihr Schlüsselwort. So schlafen Sie entspannter ein und müssen die Verarbeitung nicht im Schlaf von Ihrem Unbewussten erledigen lassen. Sie schlafen tiefer und wachen entspannter auf.

9 Alte Verletzungen und Belastendes transformieren

Erinnern Sie sich an alte Verletzungen, Wunden und Traumata: »Unser Unbewusstes, behandle unsere traumatischen Erinnerungen, Gefühle, Gedanken und Haltungen als *[Ereignis]* geschah und lass all die gespeicherten Bilder, die mich schwächen, gehen. ✉«

10 Die Konzentration stärken, den Geist leeren

Übermitteln Sie Ihrem Unbewussten den Auftrag, dass Sie Gedankenstille und klare Konzentration wünschen. Wenn Sie Erfahrung mit BSFF haben, ist dies eine Möglichkeit, die sich vor und während dem Meditieren / dem Sport und anderen Aktivitäten anbietet, für die es von Vorteil ist, wenn Sie innerlich leer und geistig klar sind.

11 Akute Emotionen stoppen

Wenn Sie unter plötzlich auftretenden, starken Emotionen leiden, zum Beispiel Ängsten, können Sie diese stoppen. Nehmen wir an, Sie müssen einen Vortrag halten, haben ein schwieriges Gespräch, vielleicht eine Gehaltsverhandlung mit dem Chef oder Unstimmigkeiten mit Ihrem Partner. Sie fühlen sich blockiert, haben Angst und sind nicht locker genug, das zur Sprache zu bringen, was Sie eigentlich sagen wollen. Fokussieren Sie, sobald Sie ein belastendes Gefühl wie beispielsweise Angst wahrnehmen, innerlich darauf, haben die Absicht, dass Ihr Unbewusstes dieses Gefühl auflösen soll, und denken Ihr Schlüsselwort. Sie können den Vorgang noch verstärken, wenn Sie innerlich zu dem Gefühl, wann immer es auftaucht, »Stopp!« sagen.

12 Kollektive Wirkungen nutzen

Praktiziert man BSFF gemeinsam mit anderen, ergeben sich oft synergistische Effekte. Dies kann die Wirkung in bestimmten Bereichen verstärken.

13 Beim Spaziergang, Sport und Reisen

Wenn unser Verstand anderweitig beschäftigt ist, kann unser Unbewusstes ungestörter für uns arbeiten, weil wir dann davon abgelenkt sind, unser Thema oder Problem verstandesmäßig lösen zu wollen. Durch die ›Überforderung‹ des Verstandes werden oft innere blockierende Haltungen durchbrochen. Es hat oft interessante Resultate, BSFF während anderer Tätigkeiten anzuwenden.

14 Wartezeiten

Während Sie im Supermarkt an der Kasse anstehen, im Wartezimmer sitzen oder auf einen Bus warten, können Sie diese Zeiten für BSFF nutzen und so mit einem tieferen Sinn erfüllen.

15 Verlegte Gegenstände wiederfinden

Wenn Sie etwas suchen, was Sie verlegt haben, können Sie Ihr Unbewusstes beauftragen, mitzuhelfen und Sie zu führen: »Unbewusstes, zeige mir den Weg zu *[Gesuchtes]*. ✉« Oder: »Unbewusstes, hilf mir dabei, *[Gesuchtes]* wiederzufinden. ✉«

16 Das geistige Feld klären

Wenn Sie der Vorstellung folgen, dass Ihr Körper nicht mit Ihrer Haut und Ihren Haaren zu Ende ist, sondern von einem elektromagnetischen und geistigen Feld umgeben ist, also, ganz gleich, wie es genannt wird, über Ihren physischen Körper hinausreicht, können Sie das Schlüsselwort in das eigene Feld schicken und dort folgendermaßen vorgehen:

Stellen Sie sich vor oder visualisieren Sie, wie Sie von einem mentalen Feld umgeben sind und schicken Ihr Schlüsselwort gedanklich ganz gezielt und spielerisch zum Beispiel nach oben, nach unten, nach links oder rechts oder auch diagonal in und durch dieses Feld in einem Abstand von vielleicht 30 Zentimetern bis zwei Metern. Entdecken Sie, was Sie mit Ihrem Schlüsselwort bewirken können.

17 Den Körper behandeln

Sie können Körperteile, Körperregionen oder Organe mit BSFF behandeln, indem Sie das Stichwort mit einer Absicht zur Behandlung dorthin schicken. Fühlen Sie die Gegend oder das Organ und denken gleichzeitig Ihr Schlüsselwort.

Erfahrungen zeigen, dass BSFF auch die Behandlung körperlicher Erkrankungen unterstützen kann. Gleichwohl ersetzt es nicht den nötigen Gang zum Arzt. Legen Sie Ihre Aufmerksamkeit auf das betreffende Organ oder den Körperteil. Nehmen Sie sich dabei möglichst genau wahr. Spüren Sie Ihren Körper, eventuell gerade vorhandene Gefühle und die Gedanken, die im Moment auftauchen. Entwickeln Sie dann die Absicht, BSFF zu Ihrem Wohl und zu Ihrer Genesung einzusetzen. Denken Sie Ihr Schlüsselwort. Wiederholen Sie das und denken Sie Ihr Schlüsselwort erneut, mehrmals hintereinander. Je nach aktueller Situation kann es einige Zeit dauern, bis die neuen Informationen auch die Zellebene erreicht haben. Lange bestehende Erkrankungen erfordern eine regelmäßige Anwendung von BSFF, zum Beispiel dreimal täglich über vier bis sechs Wochen. Bedenken Sie, BSFF verursacht keine Nebenwirkungen und verträgt sich mit allen anderen Behandlungsformen. Es kann problemlos zusätzlich zur vorhandenen Therapie eingesetzt werden.

Vorteilhaft ist, dass BSFF eine geistige Technik ist. Mithilfe Ihres Geistes können Sie zu jedem inneren Organ gehen oder auch an Ihren Rücken. Sie können gedanklich auch zu Ihren Füßen gehen. Das bedeutet, Sie sind mit dieser Methode beweglich und dazu in der Lage, Ihr Schlüsselwort überall hin zu denken.

Wollen Sie Ihre Gesundheit stärken, ist ein weiterer Schritt sehr empfehlenswert. Dazu entwickeln Sie ein inneres Bild von dem erwünschten Ziel, also zum Beispiel Gesundheit. Sehen Sie sich, wie Sie Ihr Ziel bereits erreicht haben und wieder gesund und kräftig sind. Zeigen Sie Ihrem Unbewussten, was Sie wollen und verbinden Sie dieses Bild mit dem Satz: »*Das will ich!*« Denken Sie anschließend Ihr Schlüsselwort, um alle dem Ziel eventuell entgegenstehenden Glaubenssysteme und unbewussten Haltungen zu löschen. Versuchen Sie, Empfindungen von Freude, Zuversicht, Vertrauen zu entwickeln, wenn Sie dieses Zielbild vor Ihrem inneren Auge entstehen lassen.

Dabei übermittelt uns unser Unbewusstes manchmal auch bestimmte Bilder, Erinnerungen oder erlaubt uns den Zugang zu Gefühlen, die zuvor verdrängt und weggeschlossen waren. Das ist ein Zeichen dafür, dass abgespaltene Gefühle und Energien neu integriert werden und Verdrängtes ans Licht kommen darf. Unterstützen Sie diesen guten und erwünschten Prozess, indem Sie auf alle auftauchenden Informationen, Emotionen und so weiter BSFF anwenden, indem Sie Ihrem Unbewussten erlauben, der Instruktion zu folgen, und Ihr Schlüsselwort denken. Beziehen Sie auch die Stopper mit ein.

18 Energetische Immunisierung

Bei Kontakt mit infizierten Menschen oder bei beginnenden Infektionserkrankungen wie Erkältungen und grippalen Infekten: »Unbewusstes, behandle meine Empfänglichkeit / Anfälligkeit für diese *[Erkrankung/Erreger]*. ✉«

Stellen Sie sich innerlich bildhaft vor, was Ihr Unbewusstes tun soll, zum Beispiel das Bild, wie Ihnen die Infektion nichts anhaben kann und Sie gesund bleiben.

19 Im therapeutischen Setting

BSFF lässt sich auch im therapeutischen Setting optimal einsetzen. Wenn Sie Therapeutin oder Therapeut sind, lassen Sie die Klienten zunächst die oben beschriebenen Installationen vornehmen, also ein Schlüsselwort wählen und die Installation und den Text über die Stopper lesen. Anschließend kann BSFF in die therapeutische Arbeit einbezogen werden und diese erleichtern.

BSFF unterstützt die Verarbeitung unverarbeiteter Emotionen und traumatischer Situationen. Es erleichtert das Erkennen und Loslassen von einschränkenden Glaubenssätzen, Erwartungen und Mustern. Es stoppt Angst und Suchtgefühle, und es führt zu einem Gefühl von vermehrter Vollständigkeit, Reife und Vertrauen in das Leben. Darüber hinaus fördert es die Autonomie der Klienten. Sie werden unabhängiger und können sich selbst optimaler unterstützen.

20 Probleme im Schlaf lösen

Sie können Ihr Unbewusstes damit beauftragen, während Sie schlafen Ihre Probleme zu bearbeiten beziehungsweise zu lösen: »Unbewusstes, behandle heute Nacht jede Stunde *[einsetzen: Stopper, Problem, Thema, Symptom, Angst, Gefühl]* bis morgen früh um 7:00 Uhr. ✉ Danke.«

21 Tiefe Ursachen lösen

Die seelisch-geistigen Hintergründe eines Problems behandeln und sich für gute Lösungen der eigenen Seele öffnen: »Unbewusstes, behandle alle seelisch-geistigen Hintergründe von *[einsetzen: Problem, Symptom, Störung...]* ✉ Danke.« Oder: »Unbewusstes, behandle alle seelisch-geistigen Hintergründe von dem, was mich so *[Zustand]* macht / sein lässt. ✉ Danke.«

22 Heilende Frequenzen unterstützen

Es gibt jeweils entspannende und/oder heilende Frequenzen, die unter Umständen hilfreich sein können, wenn sie uns von außen zugeführt werden. Dies ist zum Beispiel in der Homöopathie bekannt. Auch ohne die jeweilige korrekte Frequenz zu kennen, lässt sich das Unbewusste instruieren, genau die Frequenz(en) zu wählen, die aktuell für das eigene Thema, Problem oder Symptom optimal, stärkend, unterstützend und so weiter sind, sich auf diese abzustimmen und dem physischen Körper zuzuleiten:

» Unser Unbewusstes, bitte wähle die Frequenz, die...

... mir Wohlgefühl und Sicherheit gibt, behalte diese Frequenz und leite sie *[evtl. Zeitangabe; dann und dann / von bis]* meinem Körper zu. ✉

... mich entspannen und tief schlafen lässt. ✉

... mir beruflichen Erfolg *[beschreiben und definieren]* bringt. ✉

... meine Gesundheit stärkt. ✉

... optimal für meine Gesundheit ist. ✉

... mein Körper jetzt gerade benötigt, um vital und gesund zu sein und zu bleiben. ✉

... mich in Einklang mit meinem seelischen Weg bringt. ✉

Den Möglichkeiten sind hier keine Grenzen gesetzt. Auch bei dieser Anwendung ist das innere Übermitteln eines Bildes an das Unbewusste, also eine Zielvorstellung, hilfreich und unterstützend. Auf diese Weise geben wir unserem Unbewussten vor, was es für uns tun und woran es für uns arbeiten soll.

23 Komplexe und tiefe Themen

»Unbewusstes, behandle das, was mich daran hindert, mich vollständig, ganz und integriert zu fühlen, auf allen Ebenen und im tiefsten Kern. ✉«

24 Verdrängtes integrieren

Was wir verdrängen, können wir zunächst nicht wahrnehmen. Statt daran zu arbeiten, es hervorzuholen, und so lange zu warten, können Sie anerkennen und integrieren, was Sie verdrängt haben und nicht anschauen können: »Unbewusstes, behandle das, was ich maximal verdränge und was ich im seelisch-geistigen nicht anschauen kann und mag. ✉«

25 Das Herz öffnen

Wenn man Zugang zur Liebe seines Herzens bekommen möchte: »Unbewusstes, behandle die seelisch-geistigen Ursachen dafür, dass ich den Kontakt zu meinem Herzen verloren habe, es nicht spüren und seine Stimme nicht hören kann. ✉«

26 Urkonflikte

Einige Schulen der Tiefenpsychologie beschäftigen sich mit sogenannten Urkonflikten der Seele. Dazu gehören Grundgefühle wie Liebe, Hass und Schuld. Wer sich mit diesen Themen beschäftigt, ist sicherlich daran interessiert, die Wirkung von BSFF auf diese menschlichen Grundthemen zu überprüfen. Anweisungen hierzu könnten sein: »Unbewusstes, behandle meinen Urkonflikt. ✉« Oder: »Unser Unbewusstes, behandle meinen seelisch-geistigen Urkonflikt. ✉«

27 Das Ja zum Leben vertiefen

»Unbewusstes, behandle alle einschränkenden, mein/das Leben verneinende und ausschließende Glaubenssätze und Haltungen, emotionale Wurzeln und Gefühle, die durch meinen Urkonflikt entstanden sind. ✉«

28 Das Energiesystem reinigen
Auch Meridiane, Akupunkturpunkte, Chakren und andere Bestandteile des energetischen Systems lassen sich mit BSFF reinigen, klären, energetisieren und so weiter. Lenken Sie die Konzentration dazu auf den Akupunkturpunkt, das Chakra und so weiter und denken das Schlüsselwort.

▸ Fragen zur Selbsterfahrung

Im Folgenden finden Sie eine Reihe von Fragen, die Sie dabei unterstützen können, eigene Glaubenssätze, verinnerlichte unbewusste Haltungen und innere Bilder aufzuspüren und wahrzunehmen. So können Sie Ihren inneren Wahrheiten näher kommen und die Sätze formulieren, die Ihre Freiheit einschränken und belastende emotionale Reaktionen auslösen, damit sich innerer Stress in Gelassenheit umwandeln kann.

Gehen Sie die vorgegebenen Fragen aufmerksam durch und achten auf Ihre Reaktionen. Dabei ist weniger interessant, ob Sie der Aussage zustimmen oder sie ablehnen, sondern wie stark Ihre Reaktion ist. Spüren Sie dabei auch, was Ihr Unbewusstes für Schlussfolgerungen verinnerlicht haben mag. Es ist sicherlich hilfreich, wenn Sie sich notieren, was Ihnen dazu einfällt. Schreiben Sie ganz spontan, ohne zu überlegen. Es geht nicht um falsch und richtig, sondern darum, mit Ihrem Unbewussten in Kontakt zu kommen.

Wenn Sie zusätzliche Zeit für BSFF haben, können Sie diese Notizen sichten und sich Sätze heraussuchen, die Sie bearbeiten wollen. Und wenn Sie diese Notizen in einem zeitlichen Abstand durchsehen, können Sie auch Ihre Erfolge überprüfen und erkennen, was sich verändert hat.

Wenn Sie die Fragen durchlesen:

- Wo in Ihrem Körper nehmen Sie etwas wahr, wenn Sie diese Fragen beantworten und sich mit Ihren inneren Bildern beschäftigen?
- Gibt es bestimmte Stellen, an denen Sie vielleicht eine Spannung, ein Unwohlsein oder einen Schmerz spüren?

- Fühlt sich vielleicht die eine Seite Ihres Körpers anders an als die andere?
- Welche Gefühle können Sie wahrnehmen?
- Gibt es bestimmte Erinnerungen, Gedanken, innere Bilder oder Worte, die Ihnen bewusst werden? Das ist es, wonach Sie suchen.

Wenden Sie BSFF auf alles an, was Sie wahrnehmen können. Lassen Sie einfach alle Wahrnehmungen zu, ohne sich dagegen zu wehren. Atmen Sie immer wieder langsam tief ein und aus. Öffnen Sie sich der Vorstellung, dass sich jetzt wesentliche Stellen zeigen, die einer Klärung, Lösung, Transformation bedürfen und geben Sie innerlich die Erlaubnis dafür, dass es jetzt geschehen darf – auch ohne, dass Sie alles verstehen, analysieren oder beschreiben müssen – auch ohne, dass Ihr Verstand begreift, was geschieht. Lassen Sie Ihr Unbewusstes die notwendigen Schritte in der richtigen Reihenfolge tun, die nur Ihr Unbewusstes kennt. Und erlauben Sie sich, den Erfolg dieser Vorgänge als Geschenk anzunehmen. Erlauben Sie sich, daran zu wachsen und freier zu werden. Damit Sie dem näherkommen, was Sie in Ihrem Leben verwirklichen wollen.

- Was erwarte ich von mir selbst / von meinen Mitmenschen / von meinem Leben / von der Welt?
- Welche Zielvorstellungen gibt es in Bezug auf mein Problem, Thema? Was will ich erreichen, wo will ich hin?
- Was sind meine Erwartungen in Bezug auf mein Problem? Erwarte ich ein positives oder ein negatives Ergebnis?
- Wie kritisch bin ich zu mir / zu meinen Mitmenschen / in Bezug auf meinen Beruf / meinen Erfolg / meine Gesundheit / mein Leben?
- In welchen Bereichen spüre ich den größten Widerstand, wo sabotiere ich mich immer wieder selbst und wo geht es scheinbar nicht voran, obwohl ich mich darum bemühe?
- Gibt es bei mir belastende Gefühle, Gefühlszustände, die sich immer wiederholen und die immer wiederkommen? (Angst, Wut, unbegründete Eifersucht, Traurigkeit etc.)
- Gehören diese Gefühle zu mir oder vielleicht zu einer anderen Person, die mir ein Vorbild war? (Vater, Mutter etc.)

- Gibt es bestimmte Muster in meinen Beziehungen zu Partnern und Freunden? Was wiederholt sich immer wieder?
- Gibt es bestimmte Muster in meinen Beziehungen zu meiner Arbeit, meinem beruflichen Erfolg, zu Kollegen? Was wiederholt sich?
- In welchem Lebensbereich fühle ich mich blockiert? (Gesundheit, Beruf, Partnerschaft, Finanzen, Wohnen, Spiritualität, diffus) Habe ich ein Bild davon, wie ich es mir gewünscht und erträumt habe?
- Welchen Wert gebe ich mir? Glaube ich, dass ich ein wertvoller, wichtiger Mensch bin? Mag ich mich? Fühle ich mich sicher?
- Welche Erfahrungen – schöne wie auch belastende – mache ich immer wieder? Was wiederholt sich? Welche Muster haben sich etabliert?
- Wenn ich morgens aufwache, welche Gedanken habe ich dann?
- Was glaube ich über mich?
- Was denke ich über mich, wenn ich in einen Spiegel schaue?
- Was glaube ich über mein Problem, um das es hier geht? Habe ich den Glauben, dass es sich lösen lässt? Wie lange wird es dauern? Oder glaube ich, dass es unlösbar ist?
- Habe ich Gedanken, die mich belasten und die immer wieder kommen? (Notieren Sie sie, auch wenn es sich dabei um unrealistische mentale Konstrukte handeln sollte.) Traue ich mich, auch meine geheimsten Gedanken auf Papier zu bringen? (Diese Notizen sind nur für mich selbst bestimmt.)
- Welche Gedanken lassen mich schlecht oder nicht schlafen? Welche inneren Bilder hängen damit zusammen?
- Bin ich zufrieden mit mir? Mag ich mich? Was mag ich an mir?
- Wie interpretiere ich mein eigenes Leben? Wie interpretiere ich meine derzeitigen Aufgaben und Beschäftigungen? Was glaube ich darüber?
- Wovon träume ich? Welche Ziele habe ich?
- Welche Glaubenssätze habe ich über mich / über meine Identität / über die Welt / über die Arbeit / über die Liebe / über Gesundheit / über die Zeit / über Erfolg? (Solche Sätze beginnen oft mit den Worten: »Ich bin...«, oder:

»Die Welt ist...«, oder: »Ich muss immer...«, oder: »Das Leben ist...«)

- Welche Filme, Bücher und Musik mag ich? Was ist typisch für diese Werke? Welche Botschaften transportieren sie für mich? Was ist das Gemeinsame daran? Welche Gefühle lösen diese Werke in mir aus?
- In welcher Welt bin ich aufgewachsen? Welche Einstellungen, Glaubenssätze und inneren Haltungen spielten eine Rolle?
- Welche Gedanken und welchen Glauben habe ich über Politik und das aktuelle politische, wirtschaftliche und religiöse Umfeld?
- Wie ist meine Rolle in dieser Welt? Glaube ich, dass ich eine Rolle im Ganzen / in der Welt, in der wir uns befinden, spiele? Wie könnte meine Rolle heißen?
- Glaube ich, dass es höhere Ebenen gibt, denen ich mich anvertrauen und zu denen ich eine Verbindung aufnehmen kann?
- Was ist meine Realität?
- Welche Suggestionen habe ich mir selbst gegeben? Welches waren die Sätze, die mich bislang in meinem Leben innerlich begleitet haben?
- Welche Sätze habe ich von meiner Umwelt immer wieder gehört?
- Welche Ängste habe ich? Welche Ängste kann ich klar benennen und welche sind eher unklar, verwirrend und vernebelnd?
- Welche teils unbewussten Konflikte, die es bei mir gibt, kann ich benennen?
- Gibt es ungeklärte Situationen in meinem Leben, zum Beispiel in Bezug auf frühere Partner?
- An welchen Personen habe ich mich in meiner Kindheit / Jugend / im Erwachsenenalter orientiert? Welche Personen hatten eine wohltuende und stärkende Wirkung auf mich? Welche Personen waren ›gestört‹ im Sinne von Krankheit oder schwerem Schicksal und welchen Einfluss hatte das auf mich?
- Welches waren die stärksten prägenden Ereignisse in meinem Leben? Im positiven Sinn, auf eine stärkende Weise

und im einschränkenden Sinn, auf eine traumatisierende Weise? Welche Bilder hat mein Unbewusstes damals verinnerlicht und in welcher Weise könnten diese Bilder auf mich, auf mein Fühlen, Denken, Handeln und Erleben wirken?

- Welches sind die belastenden Situationen in meinem Leben, die ich einfach nicht vergessen kann? Welche Bilder hat mein Unbewusstes darüber gespeichert?
- Wie hat das Leben für mich begonnen und welche Schlussfolgerungen könnte mein Unbewusstes daraus gezogen haben, wie das Leben immer sein muss?
- Wenn ich einmal weit zurückschaue, auf die Zeit meiner Zeugung und im Bauch meiner Mutter, auf meine Geburt und frühe Kindheit, welche Haltungen könnte mein Unbewusstes entwickelt haben? Welche Konflikte, besonderen Probleme oder Glaubenssätze hatten meine Eltern, als meine Mutter mit mir schwanger war? Welche Bilder könnte mein Unbewusstes gespeichert haben und mein gesamtes Leben daran ausrichten?
- Welche Lügen gibt es in meinem Leben? Wo waren Lügen wichtig, um etwas zu erhalten? In welchem Bereich belüge ich mich selbst? Wo negiere ich die Wirklichkeit? Welche Wirklichkeit des Lebens wird von mir ausgeschlossen, verdrängt? Von was blicke ich weg, was kann ich nicht ansehen?
- Wie ist die Beziehung zu meiner Mutter und zu meinem Vater? Ist die Beziehung von gegenseitiger Achtung und Liebe getragen oder gibt es Bereiche, die problematisch und belastet sind? Gibt es Unausgesprochenes?
- Wer waren meine Vorbilder und Menschen, die für mich wichtig waren? Was hatten und haben diese Menschen für Glaubenssätze und Einstellungen zu mir und zur Welt? Was war und ist diesen Menschen wichtig?
- Welche Menschen habe ich abgelehnt? Was habe ich von diesen Menschen übernommen?
- Wie bin ich mit anderen Menschen verbunden? Mit meinem Partner? Mit meinen Kindern? Freunden? Kollegen? Mit der Erde? Mit Gott? Mit mir selbst? Welche Qualität hat meine Beziehung zu anderen Menschen?

- Wem in meiner Familie geht es so ähnlich wie mir? Wer hat auch dieses Problem wie ich?
- Was würde mein Partner / meine Mutter / mein Vater / eine unbeteiligte Person zu meinen Notizen sagen? Was würde diesen Personen auffallen?
- Wechseln Sie die Perspektive und schauen sich einmal aus einem anderen Blickwinkel als gewöhnlich an. Blicken Sie von dort auf Ihre Situation, auf Ihr Problem, Ihr Thema, Ihr Anliegen.

Eine Auswahl wichtiger Sätze

Diese Sammlung von Glaubenssätzen und unbewussten Haltungen ist als Anregung gedacht. Gerade am Anfang fällt es nicht immer leicht, die eigenen Muster zu erkennen. Diese Liste durchzugehen, kann Ihnen Hinweise geben.

Je nach individuellem Lebensweg können natürlich auch andere Glaubenssätze und relevante Überzeugungen aktiv sein. Es handelt sich hier also nur um Sätze, die im Unbewussten vieler Menschen anzutreffen sind, die aber für Sie nicht unbedingt zutreffen müssen.

Anhand Ihrer Notizen zu den Fragen zur Selbsterfahrung finden Sie die für Sie wichtigen Glaubenssätze.

- » Ich erreiche nichts.
- » Ich erreiche etwas.
- » Ich komme bei anderen nicht an.
- » Ich komme bei anderen an.
- » Ich bin unattraktiv.
- » Ich bin attraktiv.
- » Ich bin eine attraktive Person.
- » Ich bin unfähig.
- » Ich bin fähig.
- » Ich bin ein fähiger Mensch.
- » Ich werde immer verlassen und bin ohne Wert.

- » Ich bin produktiv.
- » Ich schäme mich für mich.
- » Ich bin ein Nichts.
- » Ich bin angesehen.
- » Ich bin wichtig und ein wertvoller Teil des Ganzen.
- » Ich gehöre dazu.
- » Niemand respektiert mich.
- » Ich werde respektiert.
- » Ich bin dumm / doof.
- » Ich kann nichts.
- » Ich bin schlau.
- » Ich bin schwach.
- » Ich muss immer schwach sein.
- » Ich bin stark.
- » Ich bin erfolglos.
- » Ich verdiene es nicht, Erfolg zu haben.
- » Ich darf Erfolg haben.
- » Ich verdiene es, Erfolg zu haben.
- » Ich bin erfolgreich.
- » Ich bin ein erfolgreicher Mensch.
- » Ich habe kein Vertrauen.
- » Ich vertraue niemandem.
- » Ich kann vertrauen.
- » Ich bin verständnislos.
- » Ich bin verständnisvoll.
- » Keiner versteht mich.
- » Ich werde verstanden.
- » Ich bin nutzlos.
- » Ich habe keinen Sinn.
- » Ich bin nützlich.
- » Ich bin ein wichtiger und gewollter Teil dieser Welt.

- » Ich habe Sinn.
- » Ich darf da sein und mein Leben hat Sinn und Wert.
- » Ich bin kalt.
- » Ich besitze menschliche Wärme.
- » Ich verdiene es nicht, da zu sein.
- » Ich bin wertvoll und wichtig und ein wichtiger Teil dieser Welt.
- » Ich darf ein wichtiger und geliebter Teil des Ganzen sein.
- » Ich bin ein wichtiger und geliebter Teil des Ganzen.
- » Ich bin es nicht wert, *[...]*
- » Ich bin es wert, *[...]*
- » Ich will leben.
- » Ich akzeptiere es, am Leben zu sein.
- » Ich stimme zu, dass ich lebe.
- » Ich glaube an mich.
- » Ich will sterben.
- » Ich will glücklich sein.
- » Ich darf glücklich sein.
- » Ich verdiene es, glücklich zu sein.
- » Ich umarme das Leben, das ich lebe.
- » Ich darf leben.
- » Ich mag mich.
- » Ich mag mich nicht.
- » Ich liebe mich.
- » Ich liebe mich nicht.
- » Ich hasse mich.
- » Ich lehne mich ab.
- » Ich habe einen guten Körper.
- » Ich habe eine gute Gesinnung.
- » Ich bin ein guter Mensch.
- » Ich verdiene es, geliebt zu werden.

- Ich verdiene Gottes Liebe. ✉
- Ich verdiene es nicht, geliebt zu werden. ✉
- Ich verdiene Gutes in meinem Leben. ✉
- Ich bin wertvoll. ✉
- Ich liebe mich. ✉
- Ich bin unwichtig. ✉
- Ich bin genug. ✉
- Ich bin wichtig. ✉
- Niemand kümmert sich um das, was ich tue. ✉
- Niemand interessiert sich für mich. ✉
- Ich meistere mein Leben gut. ✉
- Ich bin ein Opfer. ✉
- Ich bin ein fähiger Mensch. ✉
- Ich bin talentiert, geschickt und fähig. ✉
- Ich tue alles nach besten Kräften und ich mache es gut. ✉
- Ich mache alles falsch. ✉
- Ich bin ein/e attraktive/r, gut aussehende/r Mann / Frau. ✉
- Ich bin ein guter Partner. ✉
- Die Menschen erwarten nichts von mir. ✉
- Ich erwarte nicht viel von mir selbst. ✉
- Ich gewinne nie etwas. ✉
- Ich habe Angst davor, Erfolg zu haben. ✉
- Andere Menschen bekommen immer, was sie wollen, aber ich nicht. ✉
- Ich traue mir nicht zu, ein gutes Leben zu kreieren. ✉
- Ich kann gut auf mich selbst aufpassen. ✉
- Ich kann gut auf die Menschen aufpassen, die mir wichtig sind. ✉
- Ich werde nie Erfolg haben. ✉
- Ich werde nie erfolgreich sein. ✉
- Irgendetwas stimmt nicht mit mir. ✉

- Ich muss immer kämpfen.
- Das Leben ist ein Kampf.
- Nichts im Leben ist einfach.
- Mein Leben ist hart.
- Ich möchte erfolgreich sein.
- Ich will erfolgreich sein.
- Ich will jetzt erfolgreich sein.
- Ich will jetzt alles dafür tun, dass ich Erfolg im Leben habe.
- Ich bin unvollkommen.
- Irgendetwas stimmt mit mir nicht.
- Mit mir muss etwas nicht stimmen.
- Ich muss immer beweisen, dass ich nicht unvollkommen bin und alles mit mir in Ordnung ist.
- Ich muss perfekt sein.
- Mir wird es erst dann gut gehen, wenn ich Erleuchtung gefunden habe.
- Ich suche immer nach dem perfekten Partner.
- Ich bin wertlos.
- Ich habe keine Bedeutung.
- Ich bin bedeutungslos.
- Ich muss immer beweisen, dass ich Bedeutung habe und nicht wertlos bin.
- Ich muss immer geben.
- Ich mache andere von mir abhängig.
- Ich muss mir ständig einreden, wie großartig, begabt, schön und erfolgreich ich bin.
- Ich muss beweisen, dass ich einen Wert habe.
- Ich tue alles, damit andere mir Komplimente machen und mich loben.
- Ich bin unfähig zu handeln.
- Ich kann mich nicht bewegen.

- » Ich bin ein guter Sohn / eine gute Tochter.
- » Ich bin ein guter Ehemann / eine gute Ehefrau.
- » Ich bin ein guter Vater / eine gute Mutter.
- » Ich bin ein guter Arbeitnehmer / eine gute Arbeitnehmerin.
- » Ich bin unzufrieden mit meinem Körper.
- » Ich habe einen unattraktiven Körper.
- » Ich bin kein fähiger Mensch.
- » Ich meistere mein Leben schlecht.
- » Ich bin es nicht wert, dass es mir in meinem Leben gut geht.
- » Ich bin kein liebenswerter Mensch.
- » Ich habe Angst zu lieben.
- » Lieben heißt leiden.
- » Ich möchte nicht erfolgreich sein.
- » Ich will nicht erfolgreich sein.
- » Ich will nicht jetzt erfolgreich sein.
- » Ich will nicht jetzt alles dafür tun, dass ich Erfolg im Leben habe.
- » Ich möchte nicht gesund sein.
- » Ich will nicht gesund sein.
- » Ich will nicht jetzt gesund sein.
- » Ich will jetzt gesund sein.
- » Ich möchte gesund sein.
- » Ich will gesund sein.
- » Ich will nicht jetzt alles dafür tun, dass ich gesund bin/ werde.
- » Ich will jetzt alles dafür tun, dass ich gesund bin/werde.
- » Ich werde nicht schnell gesund werden.
- » Ich werde schnell gesund werden.

» Ich darf jetzt gesund werden.
» Ich möchte nicht glücklich sein.
» Ich will nicht glücklich sein.
» Ich will nicht jetzt glücklich sein.
» Ich will nicht jetzt alles dafür tun, dass ich glücklich bin.
» Ich muss noch viel lernen, bevor ich glücklich sein kann.
» Ich habe mangelndes Selbstvertrauen.
» Ich habe mangelndes Selbstbewusstsein.
» Ich habe ein schlechtes Selbstbild.
» Ich will nicht von anderen wahrgenommen werden.
» Ich bin es nicht wert, dass man mir zuhört.
» Ich muss immer alles unter Kontrolle haben.
» Ich muss perfekt sein.
» Ich bin nicht gut genug.
» Ich erlaube mir nicht, Dinge zu haben, wenn andere diese entbehren.
» Ich erlaube mir, Dinge zu haben, auch wenn andere sie entbehren.
» Ich erlaube mir nicht, mehr zu haben als andere.
» Ich erlaube mir, mehr zu haben als andere.
» Wenn ich Menschen helfe, darf ich dafür kein Geld verlangen.
» Wenn ich Menschen helfe, darf ich daran nicht gut verdienen.
» Wenn ich viel Geld habe, bin ich unspirituell / ein Kapitalist / werde ich unglücklich in der Liebe / wenden sich meine Freunde von mir ab / *[andere Folgen]*.
» Ich muss leiden.
» Das Leben ist schwer.
» Wenn andere es schwer haben, muss mein Leben auch ein Kampf sein.

- Mein Leben ist durch die Meinungen anderer über mich fremdgesteuert.
- Es ist nicht hundert Prozent in Ordnung, wenn ich meine persönliche Meinung ausdrücke.
- Es ist nicht hundert Prozent in Ordnung, wenn ich meine Gefühle / Emotionen zeige.
- Meine Mama und ich sind eins.
- Ich mache es wie Du, lieber Papa.
- Ich mache es wie Du, liebe Mama.
- Es ist völlig in Ordnung, wenn ich besser bin als mein Vater.
- Wenn ich besser bin als mein Vater, freut er sich.
- Wenn ich besser bin als mein Vater, ist er stolz auf mich.
- Wenn ich besser bin als mein Vater, ist er glücklich und froh.
- Ich bin jetzt erwachsen, ich kann mich ausgezeichnet um mich selber kümmern.
- Ich bin noch nicht erwachsen.
- Ich darf nicht erwachsen sein.
- Ich will nicht erwachsen werden.
- Ich will kein erwachsener Mann / keine erwachsene Frau werden.
- Ich will kein Mann / keine Frau sein.
- Mein Mann / meine Frau / meine Freunde / Gott liebt/ lieben mich.
- Ich bin perfekt, so wie ich bin, selbst in meiner Unvollkommenheit.
- Mein Mann / meine Frau / meine Kinder / meine Freunde / mein Arbeitgeber / meine Mitarbeiter / *[andere]* schätzen mich.
- Ich bin ein wertvolles Mitglied der Gesellschaft.
- Ich bin wichtig.

» Ich bin wertvoll.

» Ich bin gut.

» Ich vertraue mir.

» Ich traue mir nicht.

» Ich traue mir.

» Ich habe ein gesundes Selbstvertrauen.

» Gott will mich so, wie ich bin.

» Gott schätzt mich.

» Gott liebt mich.

» Ich glaube nicht an Gott.

» Ich glaube, dass Gott ein bestrafender, launischer Gott ist.

» Ich glaube an Gott.

» Ich glaube, dass Gott ein liebevoller, vergebender Gott ist.

» Ich glaube, dass Gott mich liebt und mir vergibt.

» Ich muss nicht alles selber tun.

» Ich bin jetzt erwachsen und kann um Hilfe fragen.

» Ich genieße mein Alleinsein.

» Wenn ich einen Freund brauche, kann ich mich als Erwachsene/r darum kümmern.

» Ich bin liebenswert.

» Ich bin es wert, dass es mir in meinem Leben gut geht.

» Obwohl keiner von uns perfekt ist, verdiene ich es, mit Respekt behandelt zu werden.

» Ich akzeptiere mich so, wie ich bin.

» Man kann mir vertrauen.

» Ich bin stark.

» Ich bin intelligent.

» Ich kann lernen.

» Ich bin wichtig.

» Ich bin okay, wie ich bin.

aufrührerisch
aus dem Gleichgewicht
aus meiner Mitte
ausgelaugt
ausgenutzt
außer Kontrolle
außer mir

Bedenken
Bedauern
bedroht
Befangenheit
belastet
beleidigt
benachteiligt
beschämt
beschwert
besitzergreifend
besorgt
bestraft
bestürzt
betroffen
betrogen
betrogen und verlassen
betrübt
blockiert
bockig
brutal
bürokratisch

chronischer Kummer

Demütigung
deprimiert
demoralisiert
desorientiert
destruktiv
dogmatisch
dunkles Geheimnis
durcheinander

egoistisch
eifersüchtig
eingeengt
eine Niederlage erlitten
einsam
Ekel
empört
entkräftet
entmutigt
entrüstet
entsetzt
Enttäuschung
enttäuschte Liebe
entwürdigt
erbost
erniedrigt
erschlagen
erschöpft
erschrocken
erschüttert
erstarrt
etwas geht an die Nieren
etwas nie verarbeiten können
etwas liegt mir im Magen

falscher Stolz
faul
feindselig
fertig
Freudlosigkeit
frustriert

gebrochenes Vertrauen
gebrochener Wille
gedemütigt
Geld- und Machtgier
gefangen
gefühllos/taub
gehemmt
Geiz

gekränkt
gelangweilt
gelähmt
gelähmter Wille
gemein
gequält
geschlagen
Gier
gleichgültig
Grauen
Groll

handlungsunfähig
Hartherzigkeit
Hass
heimatlos
heimgesucht
heruntergemacht
Herz zerbrochen
hilflos
hintergangen
hoffnungslos
Hunger

ich gehör nicht hierher
ideenlos
in die Enge getrieben
in Gefahr
Intoleranz
in Verlegenheit gebracht
irrational
isoliert

keine Daseinsberechtigung
keine Lebenslust
keine Selbstliebe
kein Recht auf Erfolg und Selbstausdruck
keiner hört mir zu
klein
Kummer

leben durch andere
leer
leidend
leidend unter
lethargisch
Liebesentzug
Liebeskummer
Liebessehnsucht
lustlos

machtlos
Mangel an Anerkennung
Mangel an Geborgenheit
Mangel an Kontakt
Mangel an Nähe
Mangel an mütterlicher Wärme
Mangel an Sicherheit
Mangel an Vertrauen
manipulieren
melancholisch
merkwürdig
missachtet
missbraucht
misstrauisch
müde

nachtragend
neidisch
nervös
nicht bewältigte Trennung
nicht einverstanden sein
nicht gut genug sein
nicht liebenswert
nicht loslassen können
nicht mehr weiter wissen
nicht mögen
nicht sicher
nicht wahrgenommen

nie ich
niederes Selbstwertgefühl
niedergeschlagen

ohne Hoffnung
ohnmächtig
Opferhaltung

pedantisch
perfektionistisch
plötzlicher Schock

ratlos
Ressentiments
Reue
richtungslos

Scham
Schande
Scheu
schikaniert
schlecht
schlechtes Gewissen
Schmerz
Schreck
Schuldgefühle
schuldig
Sehnsucht
Selbstbestrafung
Selbsthass
Selbstschutz
Selbstmitleid
Selbstvorwürfe
Selbstzweifel
sexuelle Spannung
sich abgelehnt fühlen
sich ausgenutzt fühlen
sich nicht trennen können
sich selbst unter Druck setzen
sich schämen
sich übergangen fühlen
sich nicht abgrenzen können
sich verletzt fühlen
starr, Starre
Starrsinn
stur und unnachgiebig
süchtig

Trauer
traumatisiert
Traurigkeit
trostlos

überbesorgt
überflüssig
überfordert
überkritisch
Überlebensangst
überwältigt
unerfüllt
unerfüllte Liebessehnsucht
unerfüllte Sexualität
ungerecht behandelt
Ungeduld
unglücklich
unfähig, sich zu entscheiden
unfähig, für sich selbst einzustehen
unfrei
ungeweinte Tränen
unkontrolliert
unmotiviert
unnachgiebig
unnütz
unschlüssig
unsicher, Unsicherheit
unter Druck gesetzt
unterdrückt
untröstlich
unverdient
unzufrieden

unzulänglich
überlastet
überfordert
überkontrolliert

Verachtung
verängstigt
verärgert
verbittert
verfolgt
Verkrampfung
verlassen
verlegen
verleugnen
verletzlich
verletzt
Verletztheit
verloren und einsam
Verlust
Vermeiden von Konflikten
vernachlässigt
Verrat
verrückt
verstoßen
Verschlossenheit
verunsichert
verurteilend
verwirrt
verzweifelt
vom Pech verfolgt
von anderen ausgeschlossen
von Gott verlassen
vorenthaltene Liebe
vorwurfsvoll

wahnsinnig
wertlos
widerspenstig
Widerwillen
Wut, wütend

zerstörerisch
Zorn
zu (verschlossen)
zu Tode erschreckt
Zukunftsangst
zurückgesetzt
zwanghaft
Zweifel
zynisch

▸ Zusätzliche Methoden

Hier finden Sie mehrere weiterführende Techniken und eigenständige Methoden. Dazu gehört das *Fail-Safe-Verfahren*, das Sie anwenden können, wenn Ihre Probleme weiterbestehen oder wieder zurückkommen, obwohl Sie BSFF angewendet haben.

Die *Ankertechnik* sagt Ihrem Unbewussten, was Sie erreichen wollen. Damit speichern Sie tief in Ihrem Unbewussten frei machende Glaubenssätze, neue positive Haltungen, sowie Ziele, die Sie anstreben.

- » Ich verdiene es, von jetzt an vollständig frei von diesem Problem zu sein. ✉
- » Ich werde alles tun, was notwendig ist, um von jetzt an von dem Problem frei zu sein und davon frei zu bleiben. ✉
- » Es gibt auf einer tieferen Ebene ein hintergründiges Prinzip, dass mich das Problem behalten oder wieder annehmen lässt. ✉
- » Irgendetwas in mir ist noch nicht bereit, das Problem ganz loszulassen. ✉
- » Es gibt einen großen Gewinn für mich, wenn ich das Problem behalte. ✉
- » Ich bin dankbar dafür, dass ich das Problem jetzt dauerhaft loslassen kann, und öffne mich dem Guten, das die Lösung enthält. ✉
- » Ich bin dankbar dafür, dass sich alle Aspekte und Teile meines Wesens für die Lösung öffnen. ✉
- » Ich erlaube, dass die Lösung auch für die Mitglieder meiner Familie gut ist und es uns allen hilft. ✉
- » Ich bin dankbar, dass die Lösung und mein Fortschritt gut für alle ist und erlaube mir die Lösung, auch wenn ich sie nicht verstehe. ✉
- » Es gibt noch ein oder mehrere Probleme, die verursachen, dass ich das vorliegende Problem behalten will oder es irgendwann wieder annehmen werde.
  Weil sich hinter diesem Satz oft eine ganze Reihe von Problemen verbirgt, denken oder sprechen Sie hier zehn Mal hintereinander folgenden Befehl: »Unbewusstes, behandle alle! ✉«
- » Es gibt noch irgendetwas in mir, wodurch ich dieses Problem behalten will oder es irgendwann wieder annehmen werde.
  Auch bei diesem Satz sollte der Behandlungsbefehl zehn Mal hintereinander gegeben werden: »Unbewusstes, behandle alle! ✉«
- » Ich bin noch immer anfällig und empfänglich, dieses Problem irgendwann wieder anzunehmen. ✉

Konzentrieren Sie sich jetzt noch einmal auf das Problem und beobachten Sie Ihre Gedanken, Gefühle, Emotionen oder Beschwerden. Wenn sich noch irgendetwas Negatives rührt, fahren Sie fort, bis sich alles neutral anfühlt und/oder Sie ein Gefühl von Freiheit, Frieden, Harmonie oder Gelassenheit wahrnehmen.

Jetzt gehen Sie weiter mit:

» Behandle, was immer mich noch davon abhält, mein Problem zu lösen, bis in das höchste Prinzip.

Der Erfolg zeigt sich zum Beispiel durch Gefühle von Entspannung, Gelöstheit, Freude, Entlastung, innerem Frieden, durch ein Gefühl von Müdigkeit oder autonome Reaktionen wie tiefes Atmen, Seufzen, Gähnen.

Die Ankertechnik

Sie können mit einer einfachen und langjährig erprobten Technik Ihrem Unbewussten mitteilen, was es für Sie speichern soll. Freimachende Glaubenssätze, neue Bilder oder Ihre Ziele werden so *geankert*. Ihr Unbewusstes hält und integriert diese Bilder und arbeitet für Sie an der Umsetzung und Verwirklichung dieser Ziele.

Legen Sie ein realistisches, erreichbares Ziel fest oder wählen eine Affirmation, die Sie mögen. Eventuell vorhandene Widerstände neutralisieren Sie zuvor mit BSFF. Ihr Ziel sollte innerhalb Ihres persönlichen Komfortbereiches liegen, das bedeutet, es muss Ihnen gefallen, sich gut anfühlen und innerhalb Ihrer persönlichen Realität erreichbar sein. Wählen Sie anfangs lieber einen kleinen Schritt als einen zu großen.

Spüren Sie die Formulierung. Sie sollte für Sie stimmig sein, Sie emotional berühren und Ihnen ein gutes Gefühl vermitteln, Sie stärken, mit Liebe erfüllen. Sehen Sie sich innerlich, wie Sie das, was der Satz ausdrückt, bereits erreicht haben. Sehen, spüren, atmen, erleben Sie sich mit Ihrem Ziel, was immer es ist. Atmen Sie es tief ein. Wählen Sie dabei Formulierungen, als ob Sie das Gewünschte schon erreicht haben. Achten Sie dabei auf alle Arten von inneren Widerständen, inneren Stimmen, die Ihnen sagen, dass das nicht stimme oder

Quatsch sei, was Sie tun, oder Zweifel ausdrücken und so weiter. Wenden Sie auf alle diese Widerstände BSFF an.

Um befreiende Glaubenssätze tief im Unbewussten zu verankern, empfiehlt Dr. Nims das *temporal tap* (Schläfenbeinklopfen). Das ist eine Methode der energetischen Psychologie, die bestimmte Teile des autonomen Nervensystems balanciert und beruhigt. Gleichzeitig teilen Sie dabei Ihrem Gehirn und Ihrem Unbewussten mit, was es fortan für Sie glauben und woran es für Sie arbeiten soll.

Schreiben Sie den Satz / die Affirmation auf einen Zettel, um die Wirkung auf visuelle Weise zu integrieren.

Mit den zusammengelegten Fingern beider Hände klopfen Sie rhythmisch mit ungefähr drei bis vier Klopfimpulsen pro Sekunde auf beide Seiten Ihres Kopfes in einem halbkreisförmigen Bogen über den Ohren. Klopfen Sie mit beiden Händen gleichzeitig beide Seiten des Kopfes. Klopfen Sie so, dass Sie die Klopfimpulse durch die Knochenleitung als sanfte Töne in Ihren Ohren hören können.

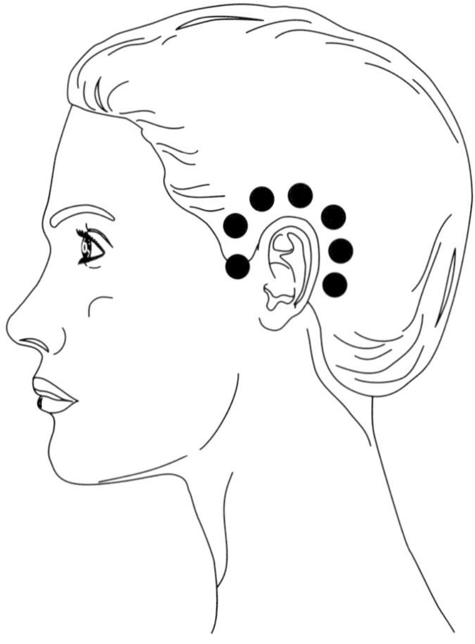

Während Sie klopfen, sprechen Sie die Affirmation dreimal laut. Sprechen Sie langsam und ernsthaft. Dann sind Sie fertig.

Die Wirkung hält mindestens 30 Minuten lang an. Die Übung sollte einen ganzen Tag lang im Rhythmus von etwa einer halben Stunde wiederholt werden. Nach dem ersten, intensiven Klopftag klopfen Sie dann noch 21 Tage lang dreimal täglich.

Verwenden Sie 21 Tage lang den gleichen Satz. Das ist die Zeit, die unser Unbewusstes mindestens benötigt, um etwas Neues tief zu verankern. Ändern Sie den Satz dabei nicht. Das ist ganz wichtig. Versuchen Sie nicht, alles auf einmal anzugehen, sonst schwächen Sie die Wirkung.

Beispielsätze

Beim Klopfen des Schläfenbeins wird das Schlüsselwort nicht gesprochen.

Lösen tief sitzender Blockaden

- Obwohl ich *[Problem]* habe, achte ich mich und nehme mich selbst so an, wie ich bin.
- Obwohl ich *[Problem]* habe, achte ich mich und nehme mich selbst vollkommen so an, wie ich bin und entscheide mich dafür, mich wieder gut zu fühlen / jeden Tag mehr Vertrauen in mich und in die Welt zu haben / mich wieder zu mögen / wieder ganz gesund zu werden.
- Obwohl ich *[Problem]* habe, achte ich mich und nehme mich selbst vollkommen so an, wie ich bin, und ich weiß, dass es andere Menschen auch geschafft haben, es zu lösen / wieder Erfolg zu haben / gesund zu werden / wieder Mut und Zuversicht zu entwickeln / wieder eine glückliche Beziehung zu finden.

Neues integrieren

- Ich verdiene ab jetzt jeden Monat zusätzlich *[Betrag]*.
- Ich liebe mich von ganzem Herzen und vertraue auf Gott und die Zukunft.
- Ich habe Selbstvertrauen. Ich vertraue mir und meiner Zukunft.
- Ich bin stark.
- Ich bin ein guter Mensch und ich bin erfolgreich mit *[...]*

Schlüsselwort für BSFF nicht mehr *[bisheriges Schlüsselwort]*. Unser Schlüsselwort lautet ab sofort: *[neues Schlüsselwort]*.«

Werden durch BSFF neue Glaubenssätze in meinem Unbewussten installiert?

Die Anwendung von BSFF wirkt zunächst wie ein großer Radiergummi, der in Ihrem Unbewussten gespeicherte negative Überzeugungen, Glaubenssätze und die emotionalen Wurzeln davon löscht. Auch unbewusste Bilder und traumatische oder einschränkende Informationen werden so transformiert, dass die belastenden Informationen keine Wirkung mehr auf Ihr Fühlen, Denken und Verhalten haben.

Wenn Sie gleichzeitig neue positive Glaubenssätze und innere Haltungen verinnerlichen möchten, verwenden Sie dafür die Ankertechnik.

▸ Wissenschaftliche Studien zur energetischen Psychologie

Bei dieser Auflistung, die nur einen Ausschnitt wiedergibt, geht es nicht um persönliche Erfahrungen Einzelner, sondern um Studien über Methoden und Techniken der energetischen Psychologie, die wissenschaftlichen Ansprüchen genügen. Auch wenn es sich um verwandte Methoden und Techniken handelt, wirkt BSFF entsprechend.

Eine erste Großstudie über Behandlungen mit energetischer Psychologie über einen Zeitraum von 14 Jahren mit insgesamt über 29000 Probanden wurde von Joaqin Andrade, MD, und David Feinstein, PhD, durchgeführt. Die Studie lieferte signifikante Ergebnisse, welche die Wirksamkeit der energetischen Psychologie, hier insbesondere Klopftechniken, bestätigen. Die Studie dokumentiert den Unterschied zu herkömmlichen therapeutischen Verfahren.

Innerhalb der Studie gab es mehrere Teilstudien mit unterschiedlich großen Untergruppen. Eine Teilstudie untersuchte die Entwicklung und den Verlauf bei 5000 Menschen mit Angststörungen. Es wurden zwei Gruppen gebildet. Die Patienten der einen Gruppe wurden mit klassischen verhaltenstherapeutischen Verfahren sowie medikamentöser Therapie behandelt, die Patienten der anderen Gruppe mit energetischen Methoden ohne Medikamente. Die Patienten wurden am Ende der Behandlung sowie mehrmals innerhalb eines Zeitraumes von einem Jahr danach befragt. Das Ergebnis zeigt, dass energetische Verfahren bei diesen Störungen effektiver und schneller sind. Im Unterschied zu den klassischen Verfahren (63 Prozent) lag die Besserung bei der energetischen Behandlung bei 90 Prozent. Am Ende des Befragungszeitraumes zeigten sich vollständig symptomfrei 51 Prozent (klassisch behandelt) und 76 Prozent (energetisch behandelt). Die Anzahl der Sitzungen wurde in einer anderen Studie aus diesem Projekt ermittelt. Dabei lag die durchschnittliche Anzahl von Sitzungen bei 15 (klassische Behandlung) und bei 3 (energetische Behandlung). Mehr über diese und weitere Studien finden Sie unter http://www.emofree.com/research/andradepaper.htm

Wells, S.; Polglase, K.; Andrews, H. B.; Carrington, P.; Baker, A. H.: Evaluation of a Meridian Based Intervention, Emotional Freedom Techniques (EFT), for Reducing Specific Phobias of Small Animals. In: Journal of Clinical Psychology, 59/2000, 943–966.

Der Psychologe Steve Wells und seine Kollegen in Australien und USA haben die Wirkung von EFT bei der Behandlung von Ängsten gegenüber Kleintieren (Mäusen, Spinnen, Ameisen, Bienen, Wespen und so weiter) erforscht. Die Ergebnisse waren beindruckend. Eine 19-köpfige Gruppe von Probanden, die EFT erlernt hatten, wurde mit 18 Probanden verglichen, die man eine spezielle Tief-Atemtechnik zur Angstbewältigung gelehrt hatte.

Die EFT-Gruppe zeigte eine signifikant* größere Befreiung von ihren Angstsymptomen und zwar sowohl im Hinblick auf die Fähigkeit, sich nach der Behandlung den angstmachenden Tieren zu nähern, als auch in Bezug auf die Selbstbewertung des Stressniveaus. Diese Angstbewältigung hielt über einen

*ein Bewertungsausdruck aus der Statistik, der angibt, dass die Ergebnisse rechnerisch so deutlich vom zu erwartenden Durchschnittswert abweichen, dass die Werte nicht nur zufällig abweichend sind

Chamberlain, David: Woran Babys sich erinnern. Die Anfänge unseres Bewusstseins im Mutterleib. München (Kösel) 1994

Diamond, John: Die heilende Kraft der Emotionen. Kirchzarten (VAK) 1999

Dilts, Robert et al: Identität, Glaubenssysteme und Gesundheit. Paderborn (Junfermann) 2002

Gallo, Fred: Energetische Psychologie. Kirchzarten (VAK) 2000

Gallo, Fred: Handbuch der energetischen Psychotherapie. Kirchzarten (VAK) 2002

Grochowiak, Klaus; Haag, Susanne: Die Arbeit mit Glaubenssätzen als Schlüssel zur seelischen Weiterentwicklung. Darmstadt (Schirner) 2004

Hellinger, Bert: Glück das bleibt. Wie Beziehungen gelingen. Stuttgart (Kreuz) 2008

Janus, Ludwig: Der Seelenraum des Ungeborenen. Pränatale Psychologie und Therapie. Düsseldorf (Patmos) 2000

Kast, Verena: Schlüssel zu den Lebensthemen. Konflikte anders sehen. Freiburg (Herder) 2004

Klein, Peter, W.: Einfach emotional entlastet. Die Tapas-Akupressur-Technik TAT. Handbuch zum Seminar. Manderscheid 2005

Klinghardt, Dietrich: Lehrbuch der Psycho-Kinesiologie. Stuttgart (Institut für Neurobiologie) 1999

Nims, Larry; Sotkin, Joan: Be Set Free Fast! A Revolutionary New Way to Eliminate Your Discomforts. Santa Fe (Sotkin Enterprises) 2000

Riemann, Fritz: Grundformen der Angst. München (Reinhardt) 2003

Weitere Informationen finden Sie im Internet unter
www.peter-klein.eu

Steve Wells, Dr. David Lake

Pocket-Guide EFT

Emotionale Freiheit Techniken

128 Seiten
ISBN 978-3-88755-265-7

Steve Rother

befreit leben

Die zwölf primären Lebens-lektionen meistern

224 Seiten
ISBN 978-3-88755-269-5

Christiana Kieser

Lukas und die Monster unterm Bett

Klopf, klopf, klopf, ich helfe Dir

48 Seiten, vierfarbig,
Großformat, Festeinband
ISBN 978-3-88755-402-6

ausführliche Informationen zu allen Titeln unter www.param-verlag.de